Lange & Döhring · Bewegung, Spiel & Spaß

Anja Lange & Volker Döhring

Bewegung, Spiel & Spaß im Klassenzimmer

231 abwechslungsreiche Ideen

Arete Verlag Hildesheim

Bibliografische Information der Deutschen Nationalbibliothek
Die Deutsche Bibliothek verzeichnet diese Publikation in der Deutschen Nationalbibliografie; detaillierte bibliografische Daten sind im Internet über http://dnb.ddb.de abrufbar.

www.arete-verlag.de

Layout, Satz und Umschlaggestaltung: Composizione Katrin Rampp, Kempten
Titelfoto: istockphoto
Druck und Verarbeitung: Plump Druck & Medien
ISBN 978-3-96423-069-0

Inhaltsverzeichnis

Inhaltsverzeichnis

Einleitung

Kleine Spiele gehören in jedes Klassenzimmer! Denn Spiele sind für Heranwachsende kein nutzloser Zeitvertreib, sie sichern in vielfältiger Hinsicht soziale, kognitive und motorische Lernprozesse und sind Teil einer bewegten und gesundheitsfördernden Schule. Spiele haben damit auf der einen Seite einen Wert an sich und unterstützen auf der anderen Seite gleichzeitig vorangegangene und nachfolgende Lernprozesse. Lernen benötigt Pausen. Kurze Bewegungspausen sind hierfür ideal, denn sie fördern die Konzentration und das Lernen. So hat beispielsweise Breithecker (2002) nachgewiesen, dass die Gesamtleistung in Aufmerksamkeits-Belastungstests durch bewegten Unterricht und Bewegungspausen im Verlauf eines Unterrichtsvormittags sogar ansteigt, statt wie sonst abzunehmen.

Dieses Praxisbuch stellt über 200 erprobte und bewährte Spielideen vor, die mit wenig oder gar keinem Material auskommen und so konzipiert sind, dass sie jederzeit ohne großen Aufwand direkt im Unterrichtsraum umgesetzt werden können. Ob Spiele zum Kennenlernen, im Kreis und mit dem Partner, zur Gruppeneinteilung, zur Wahrnehmungs- und Geschicklichkeitsschulung, ruhige und wilde Spiele oder Wettkampf-, Darstell-, Klatsch-, Tanz-, und Singspiele: Wir haben versucht, die breite Vielfalt möglicher Spiele für den Klassenraum umfassend wiederzugeben, und hoffen, dass Sie viele Spielideen für Ihre Lerngruppe erhalten.

In diesem Buch folgt die Unterteilung der Spiele keiner theoretisch fundierten Kategorisierung. Wir haben stattdessen versucht, aus der Perspektive schulischer Praxis eine sinnvolle Gliederung vorzunehmen, sodass Sie als Leserin und Leser schnell Spiele für ihren Gebrauch finden können. Die Unterscheidung ist dabei nicht immer trennscharf und manche Spiele könnten auch mehreren Kategorien zugeordnet werden. So gibt es beispielsweise Spiele, die zugleich Kreisspiele, Kennenlernspiele und Wahrnehmungsspiele sind. Zwangsläufig mussten wir Schwerpunkte bei der Zuordnung setzen. Ein Register am Ende des Buches erleichtert jedoch die Suche. So können Sie schnell für jede Situation das geeignete Spiel finden.

Wir wünschen Ihnen viel Freude und viele Eindrücke beim Spielen!
Anja Lange & Volker Döhring

Spiele mit dem Partner

Spiele mit dem Partner sind für alle Lerngruppen sehr sinnvoll. Kinder und Jugendliche lernen in dieser kleinen Sozialform miteinander zu spielen und zu arbeiten. Innerhalb eines Paares ist die Kommunikation sehr einfach und die Spieler erwerben so die Grundlage für Gruppenspiele oder komplexe Spielformen. Darüber hinaus werden Partnerspiele durch mögliche Partnerwechsel immer wieder interessant und motivieren die Spielenden neu. Für die Organisation hat dies den Vorteil, dass Partnerspiele in zeitlicher Hinsicht oft sehr flexibel einsetzbar sind.

In geschlossenen Räumen mit begrenztem Raumangebot können oft sehr gut Spiele mit dem Partner gespielt werden. Dies hat gleich mehrere Gründe:

- Die Partner können meist gut in bestehenden Nischen, z. B. zwischen Tischen und Stühlen, spielen. Nur selten müssen Tische und Stühle an die Seite geräumt werden. Dadurch können Partnerspiele schnell initiiert und beendet werden, ohne dass die bestehende Raumordnung verändert werden muss.
- Die Spieldynamik bei Partnerspielen entsteht innerhalb des Paares. Die Spieler können ihr Spiel selbst regeln, gestalten und gegebenenfalls auf ihre Bedürfnisse anpassen. Wenn einzelne Paare stören oder der Hilfe durch den Spielleiter bedürfen, können in dieser Zeit die anderen Paare ihr Spiel ungestört fortsetzen.
- Die Intensität von Paarspielen ist stets sehr hoch, da in dieser Sozialform alle zugleich spielen und nicht, wie zum Beispiel manchmal bei Spielen im Kreis, nur anderen beim Spielen zuschauen.

Der Spielleiter sollte bei Spielen mit einem Partner einige Hinweise beachten:

- In der Regel erhöhen regelmäßige Partnerwechsel die Intensität und bieten eine gute Möglichkeit für Abwechslung und neue Herausforderungen. In manchen Spielen benötigen die Partner aber auch Zeit, um sich aufeinander einzustellen. Der Spielleiter sollte folglich die Spielenden gut beobachten. Nimmt die Intensität ab, sollte der Spielleiter einen Partnerwechsel initiieren.
- Haben die Paare mit ihrem Spiel begonnen, wirkt eine nachträgliche Erläuterung immer störend. Der Spielleiter sollte folglich gut und vollständig erläutern und gegebenenfalls das Spiel durch ein Paar kurz vormachen lassen.
- Wenn alle Paare spielen, ist es schwer für den Spielleiter, noch mit den Spielern zu kommunizieren. Es sollte vor Beginn des Spiels ein Zeichen (Glocke, Hupe, Arm heben usw.) vereinbart werden, das den Partnerwechsel oder das Ende des Spiels anzeigt.

Biene Maja

SPIELERZAHL: partnerweise, unbegrenzt

SPIELDAUER: ab ca. 5 Min., mit Partnerwechsel länger

MATERIAL: ggf. eine Augenbinde je Paar

SPIELIDEE UND GRUNDREGELN:

Die Spieler gehen paarweise zusammen. Spieler A ist die Biene Maja, Spieler B die Blume. Die Biene hat die Augen geschlossen und folgt der Blume ohne Körperkontakt nur durch ein vorher vereinbartes Signal, z. B. Pfeifen, in die Hände klatschen oder Summen. Die Blume passt auf, dass die Biene nicht mit anderen Bienen kollidiert. Nach ca. 2 Minuten werden die Rollen gewechselt.

VARIATION:

Die Spielleiterin kann durch Imitieren der Geräusche versuchen, die Bienen in die Irre zu leiten.

Zeig mir deine Farbe

SPIELERZAHL: partnerweise, unbegrenzt

SPIELDAUER: ab ca. 3 bis 5 Min., mit Partnerwechsel deutlich länger

MATERIAL: Sicherheitsnadeln oder Kreppband, farbiges Papier oder Spielkarten

SPIELIDEE UND GRUNDREGELN:

Die Partner spielen gegeneinander. Der Spielleiter oder andere Schüler heften jedem Spieler ein farbiges Stück Papier, eine Spielkarte oder eine ausgeschnittene Form auf den Rücken. Die jeweiligen Partner stellen sich gegenüber auf und müssen herausfinden, was der Partner auf dem Rücken hat, ohne aber die Sicht auf den eigenen Rücken frei zu geben.

HINWEISE ZUR ORGANISATION, METHODIK UND SICHERHEIT:

In größeren Gruppen empfiehlt es sich, dass jeweils 2 Paare zusammen gehen und abwechselnd spielen. So können die Schüler sich gegenseitig eine Spielkarte auf den Rücken heften oder kleben.

VARIATION:

Tiermotive sind bei jüngeren Schülern sehr beliebt.

Bei Müller hat's gebrannt

SPIELERZAHL: partnerweise, unbegrenzt

SPIELDAUER: ab ca. 3 bis 5 Min., mit Partnerwechsel deutlich länger

MATERIAL: kein

SPIELIDEE UND GRUNDREGELN:

Die Spieler gehen paarweise zusammen. Abwechselnd klatschen sie zum Vers in die eigenen Hände und in die des Partners. Bei den Wortwiederholungen wird dreimal in die Hände des Partners geklatscht. Ziel ist es, fehlerfrei zu klatschen. Gelingt dieses, wird der Partner gewechselt.

Bei Müller hat's gebrannt -brannt -brannt, da bin ich hingerannt, rannt, rannt,
Da kam ein Polizist, -zist, -zist,
der schrieb mich auf die List, List, List, Die List, die fiel in' Dreck, Dreck, Dreck,
da war mein Name weg, weg, weg.
Da lief ich schnell nach Haus, Haus, Haus, zu meinem Bruder Klaus, Klaus, Klaus,
und die Geschicht' ist aus, aus, aus.

VARIATION:

andere Klatschrhythmen

Fotograf und Kamera

SPIELERZAHL: paarweise, unbegrenzt

SPIELDAUER: mit Partnerwechsel ca. 10 Min.

MATERIAL: kein

SPIELIDEE UND GRUNDREGELN:

Die Spieler gehen paarweise zusammen. Ein Spieler ist die Kamera und schließt die Augen. Der sehende Spieler ist der Fotograf. Der Fotograf sucht ein Motiv in der Klasse, führt die Kamera dorthin und richtet die Kamera gut aus. Dann drückt der Fotograf vorsichtig einen „Auslöser“ (z. B. Tippen auf den Kopf) oder sagt „Foto“. Nun darf die Kamera für einen kurzen Moment die Augen öffnen und merkt sich das Bild. Nach ca. 5 Fotos führt der Fotograf die Kamera zurück zum Ausgangspunkt und ruft den Speicher ab. Die Kamera darf die Augen öffnen und muss die fotografierten Motive nennen. Dann werden die Rollen gewechselt.

BEINSPRACHE

SPIELERZAHL: partnerweise, unbegrenzt

SPIELDAUER: ab ca. 3 bis 5 Min., mit Partnerwechsel deutlich länger

MATERIAL: ein

SPIELIDEE UND GRUNDREGELN:

Die Spieler gehen paarweise zusammen im Spielfeld umher. Einer der beiden macht eine Gangart mit der entsprechenden Körperhaltung vor, der andere imitiert ihn und versucht zu erraten, was sein Partner darzustellen versucht.

ANREGUNGEN:

- spazieren gehen
- in Eile sein
- verfolgt werden oder jemanden verfolgen
- Roboter
- Kinderwagen schiebende Mutter
- Betrunkener
- einen großen Hund ausführen
- mit schwerem Koffer
- Indianer

BRÜCKE/KREBSGANG

SPIELERZAHL: partnerweise, unbegrenzt

SPIELDAUER: ab 1 Min., mit Partnerwechsel deutlich länger

MATERIAL: kein

SPIELIDEE UND GRUNDREGELN:

Die Partner drücken über Kopf die Hände zusammen und versuchen nun, so weit auseinander zu gehen wie sie können, ohne dass sie hinfallen.

VARIATION:

Krebsgang: Die Partner stellen sich Rücken an Rücken und versuchen, gemeinsam mit dem anderen in einem Kniewinkel von 90 Grad seitwärts wie ein Krebs zu gehen. Welches Paar kann auch vorwärts oder rückwärts gehen? Welches Paar kann sich hinsetzen und wieder aufstehen?

Autoscooter

SPIELERZAHL: partnerweise, unbegrenzt
SPIELDAUER: je nach Variation ab 5 Min.
MATERIAL: ggf. Tücher zum Augen verbinden

SPIELIDEE UND GRUNDREGELN:

Alle Spieler stehen paarweise hintereinander. Der hintere Spieler hat die Aufgabe, seinen Vordermann nur durch Tippen mit den Fingerspitzen auf die Schultern durch den Raum zu lenken.

HINWEISE ZUR ORGANISATION, METHODIK UND SICHERHEIT:
Bei wenig ängstlichen Schülern können die Vorderen auch die Augen verbunden bekommen.

VARIATIONEN:
- Lenken durch Zuruf
- Lenken durch den Einsatz eines Springseils als Zügel
- Mit verschiedenen Aufgaben wie Slalom durch Stühle, über kleine Hindernisse wie Bananenkisten usw.
- siehe auch Roboter und Mechaniker

Erwisch das Krokodil

SPIELERZAHL: partnerweise, unbegrenzt
SPIELDAUER: ab 1 Min., mit Partnerwechsel deutlich länger
MATERIAL: kein

SPIELIDEE UND GRUNDREGELN:

Die Spieler sind Krokodile und liegen im Liegestütz voreinander. Jetzt versucht jeder, seinem Gegenüber auf die Hände zu klatschen, wenn diese auf dem Boden aufliegen, ohne selbst getroffen zu werden.

HINWEISE ZUR ORGANISATION, METHODIK UND SICHERHEIT:
Ringe, Uhren oder anderen Fingerschmuck vorher ausziehen.

VARIATION:
Die Spieler liegen zu dritt oder zu viert voreinander.

Roboter und Mechaniker

SPIELERZAHL: partnerweise, unbegrenzt

SPIELDAUER: je nach Variation ab 5 Min.

MATERIAL: kein

SPIELIDEE UND GRUNDREGELN:

Die Spieler gehen paarweise zusammen. In der einfachsten Form gibt es einen Roboter und einen Mechaniker. Der Mechaniker ist für den Roboter verantwortlich und kann ihn steuern, indem er, je nach Regelvorgabe, nur verbale oder nur taktile Zeichen gibt:

- nur taktil: Kurzer Tipp auf den Rücken bedeutet „an“ oder „aus“, ein Tipp auf die Schulter bedeutet eine Drehung um 90 Grad.
- nur verbal: an, aus, links, rechts, ggf. rückwärts

Der Mechaniker muss nun seinen Roboter sicher führen, ohne dass es einen Zusammenstoß mit den anderen Spielern oder Gegenständen gibt.

HINWEISE ZUR ORGANISATION, METHODIK UND SICHERHEIT:

Roboter und Mechaniker sollten mit der Zeit ihre Rolle und Verantwortung kennen lernen. Anfangs sollten die Roboter sehen können, damit sie selbst auf ihre Sicherheit achten können. Mit zunehmender Sicherheit können die Roboter versuchen, die Augen zu schließen. Rennen ist dann aber nicht erlaubt. Die spielenden Roboter sollten auch versuchen, sich wie Roboter zu bewegen.

VARIATIONEN:

- Die Roboter sind blind, schließen die Augen oder haben die Augen verbunden.
- Ein Mechaniker ist für 2 Roboter verantwortlich.
- Ein Mechaniker ist für 2 Roboter verantwortlich, die so gesteuert werden sollen, dass sie sich wieder gegenseitig in die Arme laufen.

AUTOFANGEN

SPIELERZAHL: paarweise, unbegrenzt

SPIELDAUER: je nach Variationen ab 5 Min.

MATERIAL: kein, ggf. Tücher um die Augen zu verbinden.

SPIELIDEE UND GRUNDREGELN:

Wie bei Autoscooter gehen die Spieler paarweise zusammen: Der vordere Spieler ist das Auto, der hintere der Fahrer, der das Auto über vorher verabredete Zeichen steuert. Zudem gibt es ein oder zwei Paare, die versuchen, die anderen Autos zu fangen.

HINWEISE ZUR ORGANISATION, METHODIK UND SICHERHEIT:

In größeren Gruppen sollten die Fänger gekennzeichnet werden.

VARIATIONEN:

- Gefangene Paare werden zum Fängerpaar.
- Gefangene Autos müssen die Rollen, also Fahrer und Auto, tauschen.
- Gefangene Autos müssen zur Tankstelle fahren und neu auftanken oder einen Boxenstopp einlegen.
- Gefangene Autos haben einen Platten und müssen synchron 5–10 Kniebeugen machen, um den Reifen wieder aufzupumpen.

PUSH HANDS

SPIELERZAHL: partnerweise, unbegrenzt

SPIELDAUER: ab ca. 1 Min., mit Partnerwechsel deutlich länger

MATERIAL: kein

SPIELIDEE UND GRUNDREGELN:

Die Spieler stehen sich paarweise im Abstand einer Fußlänge gegenüber und drücken die Handinnenflächen gegeneinander. Ziel ist es, den Partner aus dem Gleichgewicht zu bringen. Wer einen Schritt machen muss, verliert.

VARIATIONEN:

- Die Partner stehen auf einem Bein (siehe Flamingokampf).
- Die Partner schließen die Augen.

Zieh- und Schiebespiele

SPIELERZAHL: partnerweise, unbegrenzt

SPIELDAUER: ab ca. 3 bis 5 Minuten, mit Partnerwechsel und Variationen deutlich länger

MATERIAL: kein

SPIELIDEE UND GRUNDREGELN:

Zieh- und Schiebespiele in Partnerarbeit sind Spiele um Kraft, Gleichgewicht, Finten und Kontrolle. Sie können als Miteinander oder Gegeneinander ausgelegt werden. Dabei drücken, ziehen, schieben oder laufen die Spieler miteinander oder gegeneinander. Ziehen und Schieben sollten aber immer spielerisch und freudvoll angelegt sein.

HINWEISE ZUR ORGANISATION, METHODIK UND SICHERHEIT:

Die Spieler gehen zu zweit zusammen. Auf Kommando des Spielleiters ziehen oder schieben sie sich ca. 30 bis 60 Sekunden lang. Nach dem jeweils ersten Versuch geben sich die Paare selbst ein Startsignal.

VARIATIONEN:

- Die Partner geben sich die Hände und versuchen, den anderen zu sich über eine Linie zu ziehen (links, rechts, beidhändig).
- Die Partner legen die Hände aneinander und versuchen, den jeweils anderen wegzuschieben.
- Die Partner stellen sich Rücken an Rücken und versuchen, den jeweils anderen wegzuschieben.
- Die Partner setzen sich Rücken an Rücken und versuchen, den jeweils anderen wegzudrücken.
- Linienkampf: Die Partner stehen beide auf einer Linie, greifen sich auf die Schultern und versuchen, den anderen von der Linie zu schieben, ziehen oder fintieren.
- Zwischen den Partnern befindet sich eine Linie (oder ein anderes Zeichen wie beispielsweise Kreppband oder ein Lineal). Die Partner versuchen, sich über diese Linie zu ziehen. Wer hat zuerst 3 Punkte?

BALL-SPIEL

SPIELERZAHL: partnerweise, unbegrenzt

SPIELDAUER: je nach Aufgaben und Teilnehmer ab 5 Min.

MATERIAL: 1 Ball für jedes Paar, ggf. verschiedene Bälle oder Luftballons

SPIELIDEE UND GRUNDREGELN:

Alle Spieler bilden Paare. Jedes Paar bekommt einen Ball und versucht, diesen Ball ohne Zuhilfenahme der Hände zwischen ihren Körpern zu halten, zum Beispiel zwischen ihrer Stirn, dem Rücken oder der Brust. Anschließend probieren die Paare aus, wie sie sich am besten mit dem eingeklemmten Ball gemeinsam bewegen können. Können sie in die Hocke gehen, laufen, hüpfen oder auf einen Stuhl steigen? Welches Paar kann den Ball zwischen den Oberschenkeln einklemmen und ohne die Hände zu benutzen zur Stirn bewegen?

VARIATIONEN:

- Welches Paar schafft es, dass sich jeder Partner einmal um sich selbst dreht, ohne dass der Ball dabei auf den Boden fällt?
- Zwei oder mehr Gruppen spielen gegeneinander. Alle Spieler einer Gruppe stellen sich in einer Reihe hintereinander auf. In jeden Zwischenraum klemmen sie einen Luftballon. Welche Gruppe erreicht als erste ein Ziel, ohne einen Luftballon zu verlieren?

ZAUBERKLEBE

SPIELERZAHL: partnerweise, unbegrenzt

SPIELDAUER: ab 3 Min.

MATERIAL: kein

SPIELIDEE UND GRUNDREGELN:

Die Spieler gehen paarweise zusammen durch den Raum. Sie besitzen eine imaginäre Zauberklebe. Die Spielleiterin sagt nun Körperteile an, die zusammenkleben sollen, z. B. „Ohr“. Nun gehen alle Spieler solange Ohr an Ohr durch den Raum, bis der Spielleiter ein neues Körperteil nennt.

VARIATION:

Die Spielleiterin nennt zwei Körperteile.

Hey, das war mein Fuss!

SPIELERZAHL: partnerweise, unbegrenzt

SPIELDAUER: ab 1 Min., mit Partnerwechsel deutlich länger

MATERIAL: kein

SPIELIDEE UND GRUNDREGELN:

Die Spieler stehen sich gegenüber. Nacheinander versuchen sich die Spieler, auf die Füße zu treten. Sie dürfen dabei nur einen Schritt, eine Bewegung oder einen Sprung machen.

VARIATIONEN:

- Drei oder mehr Spieler stehen im Kreis. Einer der Spieler beginnt. Wenn der angegriffene Spieler auf dem Fuß getroffen wird, scheidet er aus. Wird er nicht getroffen, kann er versuchen, den nächsten Treffer zu landen.
- Zwei Spieler stehen sich gegenüber und fassen sich gegenseitig an die Schultern. Ziel ist es, dem Partner auf die Füße zu treten, ohne selbst getroffen zu werden. Jeder kann jetzt jederzeit versuchen, den anderen zu treffen.

Hofstaat

SPIELERZAHL: partnerweise, unbegrenzt

SPIELDAUER: ab ca. 10 Min.

MATERIAL: kein

SPIELIDEE UND GRUNDREGELN:

Die Spieler bilden Paare und ein einzelner König wird bestimmt. Der König gibt verschiedene Befehle, z. B.: „Gebt euch die Hand!“ oder „Stellt euch Rücken an Rücken!“. Doch wenn der König „Fleißiger Hofstaat!“ ruft, schwirren die Spieler auseinander und suchen sich einen neuen Partner. Der König muss versuchen, ein Mitglied seines Hofstaates zu berühren. Gelingt ihm das, bilden beide ein neues Paar. Der Spieler, der übrig bleibt, wird neuer König.

Flamingokampf/Hahnenkampf

SPIELERZAHL: paarweise, unbegrenzt

SPIELDAUER: ab ca. 1 Min., mit Partnerwechsel länger

MATERIAL: kein

SPIELIDEE UND GRUNDREGELN:

Zwei Spieler stehen sich auf einem Bein gegenüber und versuchen, sich gegenseitig aus dem Gleichgewicht zu bringen.

VARIATIONEN:

- Die Spieler stehen nur auf dem schwachen Bein.
- Die Spieler halten die Beine geschlossen nebeneinander.
- Hahnenkampf: Die Spieler gehen paarweise zusammen. Nach dem Startsignal hüpfen beide auf einem Bein und versuchen, den Partner mit verschränkten Armen so anzurempeln, dass der jeweils andere mit dem zweiten Bein den Boden berührt.

Abklatschen

SPIELERZAHL: partnerweise, unbegrenzt

SPIELDAUER: ab ca. 1 Min., mit Partnerwechsel deutlich länger

MATERIAL: kein

SPIELIDEE UND GRUNDREGELN:

Die Partner stellen sich gegenüber auf und geben sich die rechte Hand. Mit der linken Hand versuchen sie, bestimmte Körperteile (Bsp.: linken Oberschenkel) abzuschlagen. Diese Körperteile werden entweder vom Spielleiter angesagt oder von den Partnern selbstständig festgelegt.

VARIATIONEN:

- Als Wettspiel: Pro Berührung der Stelle gibt es einen Punkt. Sieger des Spieles ist, wer zuerst fünf Punkte hat.
- Man kann den Schwierigkeitsgrad erhöhen, indem man zum Beispiel den Rücken als Ziel auswählt.
- Lustiger kann das Spiel werden, wenn weiche Gegenstände (wie z. B. Schaumstoffrohre) zum Abklatschen genutzt werden
- Einzelne Körperteile erhalten unterschiedliche Punktzahlen, diese werden individuell vereinbart, z. B. Wade 3, Schulter 1, Rücken 2. Wer zuerst 10 Punkte erreicht, gewinnt.

Spiele im Kreis gehören in jeden Klassenraum. Sie können vielfältig eingesetzt werden, zum Beispiel am Anfang oder am Ende eines Gesprächskreises, um in die Arbeit einzuführen oder für die bereits geleistete Arbeit zu belohnen. Oft sind Spiele im Kreis als Ritual oder Routine ein fester Bestandteil im Tagesablauf oder werden zwischendurch einfach zur Auflockerung eingesetzt. Der Kreis als Kennzeichen solcher Spiele bietet viele Vorteile:

So ist ein guter Blickkontakt der Spieler untereinander gewährleistet und das Spiel ist für alle überschaubar. Die Kreisform gibt allen ein Gefühl der Zugehörigkeit. Geben sich die Spieler zudem die Hand, entsteht eine „geschlossene Gemeinschaft".

Die Spielleiterin sitzt oder steht mit im Kreis und nimmt meist am Spielgeschehen teil. Im Kreis sind alle ein wenig gleich, denn keiner steht vorne. Einzelne Spieler können aber auch, je nach Situation, in die Mitte des Kreises treten und im „Mittelpunkt" stehen.

Aus dem letztgenannten Aspekt können ebenso Probleme entstehen. Spieler, die sich darstellen wollen, finden im Kreis oft eine Resonanz. So kann störendes Verhalten schnell in den Fokus der Aufmerksamkeit rücken und vom Spielgeschehen ablenken. Hier sollte die Spielleiterin frühzeitig entgegensteuern, in dem zum Beispiel das störende Verhalten thematisiert wird.

Kreisspiele im Klassenraum finden oft im Stuhlkreis statt, da die Spieler meist schon in einem Gesprächskreis sitzen. Dies muss aber nicht zwangsläufig so sein. Manchmal fehlt vielleicht auch einfach die Zeit, erst einen Stuhlkreis zu bilden. Viele Kreisspiele können deshalb auch in einem Stehkreis stattfinden. Manche Spiele funktionieren in einem Stehkreis sogar besser, weil das Stehen der Spieler eine höhere Dynamik zulässt. Weitere Spiele können zudem im Tischkreis gespielt werden oder benötigen sogar Tische oder eine andere Fläche, auf der gespielt wird. Wir unterscheiden folglich zwischen Spielen im Stuhlkreis, im Stehkreis und im Tischkreis, wohl wissend, dass die Übergänge fließend sind und viele Spiele sowohl im Sitzen als auch im Stehen, sowohl mit als auch ohne Tische gespielt werden können. Spiele im Sitzkreis müssen auch nicht zwangsläufig auf Stühlen stattfinden, vielfach genügen auch Sitzkissen oder bei einem entsprechend sauberen Boden können sich die Spieler direkt auf den Boden setzen.

Rhythmusmaschine (Sitzkreis)

SPIELERZAHL: ab 10 bis ca. 60

SPIELDAUER: ab 2 Min.

MATERIAL: kein

SPIELIDEE UND GRUNDREGELN:

Alle Spieler sitzen oder stehen im Kreis. Der Spielleiter beginnt einen einfachen Rhythmus mit den Händen zu klatschen, auf den Fußboden zu trommeln oder mit den Füßen zu stampfen. Alle anderen machen mit und folgen dem Rhythmus. Irgendjemand aus der Runde beginnt, den vorgegebenen Rhythmus zu variieren oder einen neuen Rhythmus zu erzeugen. Alle übernehmen jetzt diesen Rhythmus, bis wieder jemand einen neuen einleitet.

HINWEISE ZUR ORGANISATION, METHODIK UND SICHERHEIT:

Das Besondere ist, dass niemand bestimmt, wer einen neunen Rhythmus beginnen soll, sondern dass irgendwer anfängt, den Rhythmus zu variieren, und alle anderen mit einstimmen. Wenn der Spielleiter aufhört zu trommeln, klatschen oder zu stampfen, ist das Spiel beendet.

VARIATION:

Gegen Ende gibt der Spielleiter ein Zeichen, dann dürfen nur noch ganz leise Rhythmen geklopft oder geklatscht werden, beispielsweise mit den Fingern.

Reise der Gesichter (Sitz- oder Stehkreis)

SPIELERZAHL: 10 bis 30

SPIELDAUER: ab 5 Min.

MATERIAL: kein

SPIELIDEE UND GRUNDREGELN:

Die Spieler sitzen oder stehen hintereinander im Kreis, sodass jeder auf den Hinterkopf seines Vordermanns schaut. Ein Spieler beginnt, indem er sich zu seinem Hintermann umdreht und eine Grimasse schneidet. Der Hintermann nimmt diesen Gesichtsausdruck an und gibt ihn weiter. So wandert das Gesicht einmal im Kreis, bis es wieder bei seinem „Auftraggeber“ ankommt. Dieser zeigt das Gesicht, das er auf die Reise geschickt hat, und jeder kann es mit dem „angekommenen“ Gesicht vergleichen.

ZUZWINKERN (SITZKREIS)

SPIELERZAHL: 10 bis 40

SPIELDAUER: ab 3 Min.

MATERIAL: Stühle

SPIELIDEE UND GRUNDREGELN:

Für jeden zweiten Spieler wird ein Stuhl in den Kreis gestellt. Der eine Teil der Spieler nimmt im Stuhlkreis Platz, die Anderen stellen sich jeweils hinter einen Stuhl. Ein Stuhl bleibt frei. Der hinter diesem Stuhl stehende Spieler zwinkert nun einem anderen auf einem Stuhl sitzenden Spieler zu. Dieser muss dann so schnell wie möglich auf den freien Stuhl gelangen. Der hinter ihm Stehende muss durch eine schnelle Reaktion versuchen, seinen Partner am Weglaufen zu hindern und festzuhalten. Hat der Partner nicht aufgepasst und gelingt es einem Spieler zu entkommen, geht das Spiel an dem neu frei gewordenen Platz weiter.

VARIATION:

Die Spieler können auch im Stehen spielen und mit etwas Abstand hintereinander stehen.

DIRIGENTENRATEN (SITZKREIS)

SPIELERZAHL: ca. 16 bis 40

SPIELDAUER: ab 5 Min.

MATERIAL: kein

SPIELIDEE UND GRUNDREGELN:

Ein oder zwei Spieler, die Konzertkritiker, verlassen kurz den Raum. Alle anderen sitzen im Stuhlkreis. Die Gruppe oder die Spielleiterin bestimmen einen Dirigenten. Nun beginnt das „Konzert“. Der Dirigent macht verschiedene Bewegungen vor und die Spieler ahmen diese nach. Die Konzertkritiker werden geholt und versuchen nun herauszufinden, wer der Dirigent ist.

HINWEISE ZUR ORGANISATION, METHODIK UND SICHERHEIT:

Gegebenenfalls ist die Regel sinnvoll, dass die Konzertkritiker nur drei Mal raten dürfen.

VARIATIONEN:

siehe auch „Wer ist der Vorturner?“ (Stehkreis)

Armer schwarzer Kater (Sitzkreis)

SPIELERZAHL: ca. 10 bis 30

SPIELDAUER: ab 3 Min.

MATERIAL: kein

SPIELIDEE UND GRUNDREGELN:

Alle Spieler sitzen im Kreis. Ein Spieler, der Kater, steht in der Mitte. Er geht zu einem Mitspieler und versucht, diesen durch Miauen, Verrenkungen oder Grimassen zum Lachen zu bringen. Der angesprochene Spieler sagt dreimal möglichst ernst:
„Armer schwarzer Kater“. Wenn ihm dies gelingt, ohne dabei zu lachen, muss der Kater einen anderen Spieler wählen. Falls er dabei lachen muss, tauschen die Rollen.

Mein rechter, rechter Platz ist frei – extrem (Sitzkreis)

SPIELERZAHL: ca. 10 bis 40

SPIELDAUER: ab 3 Min.

MATERIAL: kein

SPIELIDEE UND GRUNDREGELN:

Alle Spieler sitzen im Stuhlkreis. Ein Spieler stellt sich in die Mitte, sodass ein Platz frei bleibt. Der Spieler links des leeren Platzes legt seine rechte Hand auf diesen Stuhl und ruft laut den Namen eines anderen Spielers. Dieser muss sofort aufstehen und sich auf den leeren Stuhl setzen, dies versucht jedoch auch der Spieler in der Mitte. Nun ist der Platz frei, auf dem der aufgerufene Spieler saß. Jetzt muss wieder der links daneben sitzende Spieler die Hand auf den Stuhl legen und einen neuen Spieler herbeirufen. Reagiert der aufgerufene Spieler nicht und der Mittelspieler setzt sich in der Zwischenzeit auf den Stuhl, oder ist der Mittelspieler schneller, muss der „Gerufene“ in die Mitte.

Klatschen auf die Reise schicken (Sitzkreis)

SPIELERZAHL: 10 bis 40

SPIELDAUER: ab 2 Min.

MATERIAL: kein

SPIELIDEE UND GRUNDREGELN:

Alle Spieler sitzen im Kreis. Zwei sich gegenüber sitzende Spieler schicken jeweils ein Händeklatschen (einmal, zweimal oder dreimal) auf die Reise, jeweils zu ihren rechten Nachbarn. Diese klatschen ebenso in die Hände und geben das Klatschen wiederum an ihre Nachbarn weiter. Gelingt es einem Klatschen, das andere zu überholen?

VARIATIONEN:

- Ein Klatschen wird links herum, das andere rechts herum geschickt.
- Ein Fußstampfen wird weitergegeben oder Klatschen und Stampfen werden kombiniert.

Neptuns Welle/Drehender Kreis (Sitzkreis)

SPIELERZAHL: ca. 15 bis 40

SPIELDAUER: ab 3 Min.

MATERIAL: kein

SPIELIDEE UND GRUNDREGELN:

Alle Spieler sitzen im Kreis, ein Spieler steht in der Mitte und gibt der Gruppe Aufträge. Wenn er „Nach rechts!“ ruft, muss jeder Kreisspieler einen Platz nach rechts weiterrücken. Sagt er „Nach links!“, rücken die Spieler entsprechend einen Stuhl nach links. Ziel des Spielers im Kreis, der beliebig oft die Kommandos wechseln kann, ist es, einen freien Stuhl zu erobern, sobald ein Spieler zu spät reagiert.

VARIATION:

Schwieriger wird es, wenn der Spielleiter die Kommandos „tip“ (nach rechts), „tap“ (nach links) und „tiptap“ (durcheinander, aber nicht auf einen Nachbarstuhl) gibt.

Obstsalat (Sitzkreis)

SPIELERZAHL: ca. 15 bis 40 oder mehr

SPIELDAUER: ab 3 Min.

MATERIAL: ggf. Kärtchen mit Abbildungen

SPIELIDEE UND GRUNDREGELN:

Immer ca. 3 bis 6 Spieler werden einer Obstsorte zugeordnet, zum Beispiel Birnen, Bananen, Äpfel, Pflaumen oder Kiwis. Ein Spieler steht in der Mitte des Kreises und ruft verschiedene Obstsorten auf, zum Beispiel Äpfel und Birnen. Diese genannten Sorten müssen schnell ihre Plätze tauschen. Dabei versucht der Spieler in der Mitte, einen Platz zu erobern. Gelingt ihm dies, wird derjenige, der übrig bleibt, neuer Mittelspieler. Ruft er „Obstsalat“, tauschen alle Spieler die Plätze.

HINWEISE ZUR ORGANISATION, METHODIK UND SICHERHEIT:

Zur schnellen Zuordnung empfiehlt sich das Verteilen von kleinen Kärtchen mit Obst-Abbildungen.

VARIATION:

Statt Obstsorten können auch Tiere, Automarken, Sportler oder Blumen ihre Plätze wechseln.

Zahlenspiel (Sitzkreis)

SPIELERZAHL: ca. 10 bis 40

SPIELDAUER: ca. 5 Min.

MATERIAL: kein

SPIELIDEE UND GRUNDREGELN:

Alle Spieler sitzen im Kreis. Jeder Spieler bekommt vom Spielleiter eine Ziffer von 0 bis 9 gesagt, die er sich merken muss. Der zehnte/zwanzigste Spieler bekommt wieder die 0, der elfte/einundzwanzigste die eins. Der Spielleiter beginnt mit einer Geschichte, in der möglichst viele Zahlen vorkommen. Zum Beispiel: „Als ich am 3.6. um 12 Uhr auf der Bundesstraße 579 vier Kilometer fuhr ...“ Wer seine Ziffer hört, muss schnell aufstehen und zum Beispiel einen Strecksprung machen. Bei Zahlen, die aus mehreren Ziffern bestehen, müssen alle aufstehen.

Kissentransport (Sitzkreis)

SPIELERZAHL: ca. 10 bis 30

SPIELDAUER: ab ca. 5 Min.

MATERIAL: 1 Kissen oder Kuscheltier, Musik

SPIELIDEE UND GRUNDREGELN:

Alle Spieler sitzen im Kreis. Ein Spieler bekommt ein Kissen oder Kuscheltier. Sobald die Musik beginnt, steht der Spieler mit dem Kissen schnell auf, übergibt das Kissen einem anderen Spieler (nicht seinem direkten Sitznachbarn) und nimmt dessen Platz ein. Schaffen es die Spieler, vor dem Ende der Musik, das Kissen an jeden Spieler weiterzugeben und auf einem anderen Platz zu sitzen?

Peter und Paul (Sitzkreis)

SPIELERZAHL: ca. 8 bis 25

SPIELDAUER: je nach Spielerzahl und Regeln ab 5 Min.

MATERIAL: kein

SPIELIDEE UND GRUNDREGELN:

Alle Spieler sitzen im Kreis und üben folgenden Klatschrhythmus ein:

- mit beiden Händen auf die Oberschenkel schlagen
- in die Hände klatschen
- mit der rechten Hand schnipsen
- mit der linken Hand schnipsen

Die Spieler im Kreis werden der Reihe nach nummeriert, wobei der erste „Peter" und der zweite „Paul" genannt werden. Peter beginnt das Spiel, indem er beim rechten Schnipsen seinen eigenen Namen (Peter) und beim zweiten Schnipsen eine beliebige Zahl eines Mitspielers nennt. Der genannte Spieler sagt beim nächsten Schnipsen seine eigene Zahl, beim nächsten Schnipsen eine andere Zahl, Peter oder Paul. Der Klatschrhythmus wird während des gesamten Spiels beibehalten. Wer einen Fehler macht, bekommt gegebenenfalls einen Minuspunkt, muss ein Pfand abgeben oder scheidet beim dritten Fehler aus.

AUF NACH MADRID/ SCHLÜSSELSPIEL (SITZKREIS)

SPIELERZAHL: ca. 15 bis 40

SPIELDAUER: ab 5 Min.

MATERIAL: kein

SPIELIDEE UND GRUNDREGELN:

Alle Spieler, bis auf einen, sitzen im Stuhlkreis. Der Spieler ohne Stuhl spielt den Zugführer. Er geht im Kreis umher und sagt: „Ich heiße XY und fahre mit dem Zug bis Madrid. Halte ich an, dann darfst Du mit!“ Nach dem letzten Wort bleibt der Zugführer stehen. Wer dort sitzt, wird neuer Zugführer, der alte Zugführer hängt sich an und eine neue Runde beginnt. Hat sich der sechste Spieler auf diese Weise angeschlossen, sagt der neue Zugführer:

„Ich heiße XY und begrüße alle Fahrgäste in Madrid.“ Bei dem letzten Wort laufen alle Spieler der Schlange los, um sich einen Platz zu suchen. Wer keinen bekommt, übernimmt die Rolle des Zugführers und das Spiel beginnt von vorn.

VARIATION:

Schlüsselspiel: Zwei oder mehr Spieler bekommen einen Schlüsselbund und gehen im Kreis umher. Nach einer Weile nehmen sie einen Kreisspieler an die Hand, darauf weitere Spieler, sodass eine Schlange entsteht. Plötzlich lässt der erste Spieler den Schlüsselbund fallen. Dies ist das Zeichen, dass alle Spieler der Schlange sich so schnell wie möglich einen Platz suchen müssen. Wer übrig bleibt, bekommt den Schlüssel. (Material: möglichst dicker Schlüsselbund)

Pferderennen (Steh- oder Sitzkreis)

SPIELERZAHL: beliebig

SPIELDAUER: ca. 5 Min.

MATERIAL: kein

SPIELIDEE UND GRUNDREGELN:

Alle Spieler, auch die Spielleiterin, sitzen oder stehen im Kreis. Sie ahmen ein Pferderennen nach, die Spielleiterin kommentiert das Rennen.

Beispiel:
Es ist kurz vor dem Rennen. Die Pferde in ihren Boxen sind schon nervös
→ Alle trommeln mit dem Fuß auf dem Boden.
Der Startleiter gibt das Kommando: „Auf die Plätze, fertig, los!“
Alle Pferde galoppieren los
→ Alle klatschen mit den Händen auf die Knie.
Die Zuschauer sind begeistert
→ Alle klatschen in die Hände.
Der erste Wassergraben ist zu überwinden
→ Alle schnalzen mit den Fingern die Unterlippe.
Ein kleines Hindernis
→ Alle malen eine Welle mit der Hand oder springen kurz von ihren Stühlen auf.
Ein großes Hindernis
→ Alle malen eine große Welle oder springen deutlich von ihren Stühlen auf.
Pferd Nr. 7 überholt
→ Alle schlagen sich schneller auf die Knie.
Eine Rechtskurve kommt
→ Alle legen sich mit dem Körper nach rechts.
Die Zuschauer sind begeistert
→ Alle klatschen und rufen „Bravo!“
Nun geht es auf die Zielgerade, alle Pferde geben ihr Bestes,
Pferd Nr. 5 geht in Führung
→ Alle klatschen schnell.
Ein packender Einlauf
→ Alle klatschen noch schneller.
Endlich – das Ziel ist erreicht
→ Alle wischen sich den Schweiß von der Stirn.

Folgende Dinge können eintreten:
Trab oder Galopp
→ mit den Händen auf die Oberschenkel schlagen/ traben oder galoppieren
Oxer/Doppeloxer/dreifacher Oxer
→ entsprechend oft aufspringen
Zuschauertribüne
→ jubeln
Wassergraben
→ blubbernde Geräusche machen
Zieleinlauf
→ Beifall klatschen
Siegerfoto
→ Lächelnde Pose oder Fotoapparat imitieren
Die Liste kann durch weitere Gesten und Geräusche beliebig ergänzt werden.

VARIATION:
Ein Skitag wird mit Bewegungen und Geräuschen dargestellt (warm anziehen, Skier tragen, bergauf gehen, Skier anschnallen, Kurven, Schuss, Schanzen, Bremsen, Stürzen)

Erde – Wasser – Luft (Sitz- oder Stehkreis)

SPIELERZAHL: ca. 10 bis 30
SPIELDAUER: ab ca. 3 Min.
MATERIAL: 1 oder mehrere Bälle oder auch Stofftiere

SPIELIDEE UND GRUNDREGELN:
Alle Spieler sitzen im Kreis, ein oder mehrere Spieler mit Ball oder einem Stofftier befinden sich in der Mitte. Sie werfen den Kreisspielern ihren Ball zu, rufen „Erde, Wasser oder Luft“ und zählen anschließend laut bis 10. Ruft der Spieler in der Mitte „Luft“, muss der Spieler, der den Ball erhält, schnell ein Tier nennen, das fliegen kann, bevor der Passgeber bis 3 (je nach Alter bis 5 oder 10) gezählt hat. Gelingt ihm dieses nicht, wechseln die Rollen. Bei „Erde“ und „Wasser“ müssen Tiere genannt werden, die in den jeweiligen Elementen leben.

Centspiel (Sitzkreis)

SPIELERZAHL: 5 bis 30

SPIELDAUER: ab 5 Min.

MATERIAL: ein oder mehrere Münzen

SPIELIDEE UND GRUNDREGELN:

Die Spieler sitzen im Kreis oder nebeneinander. Ein Geldstück wird auf den Handrücken eines Spielers gelegt. Nun gibt dieser es seinem nächsten Mitspieler so weiter, dass es bei ihm ebenfalls auf dem Handrücken liegen bleibt. Dabei darf er nicht die andere Hand zur Hilfe nehmen. Wie die Übergabe gemacht wird, ist den beiden jeweils Beteiligten überlassen, das Geldstück darf aber nicht herunterfallen. Falls es doch herunterfällt, müssen die beiden die Übergabe solange probieren, bis es klappt. Die nächsten Runden werden jedes Mal schwieriger, zum Beispiel durch

- die Weitergabe von kleinem Finger zu kleinem Finger
- die Weitergabe von Arminnenseite zu Arminnenseite
- die Weitergabe von Fuß zu Fuß
- die Weitergabe von Stirn zu Stirn
- die Weitergabe von Oberschenkel zu Oberschenkel
- die Weitergabe von Bauch zu Bauch (am Boden liegend)
- die Weitergabe von Fuß zu Fuß
- die Weitergabe von Stirn zu Stirn
- die Weitergabe von Oberschenkel zu Oberschenkel
- die Weitergabe von Bauch zu Bauch (am Boden liegend)

HINWEISE ZUR ORGANISATION, METHODIK UND SICHERHEIT:

In größeren Gruppen sollte mit mehreren Münzen zugleich gespielt werden, da es sonst für die Wartenden zu langweilig wird und das Zuschauen von vielen die Aktiven auch stören kann.

VARIATION:

Das Spiel kann auch als Staffelform in einem Kreis (ein Centstück muss das andere einholen) oder in mehreren Kreisen oder auch Sitzreihen gespielt werden.

Rakete starten (Sitzkreis)

SPIELERZAHL: beliebig
SPIELDAUER: 1 bis 2 Min.
MATERIAL: kein

SPIELIDEE UND GRUNDREGELN:

Alle Spieler sitzen im Kreis und zünden gemeinsam eine Rakete. Diese Rakete besteht aus mindestens vier Stufen, kann aber um beliebige Stufen erweitert werden. Ein Spieler sagt die jeweiligen Stufen an.

- Stufe 1: Alle Spieler trommeln mit den Fäusten auf die Brust.
- Stufe 2: Mit der flachen Hand auf die Oberschenkel schlagen.
- Stufe 3: Mit den Füßen stampfen
- Stufe 4: Mit einem Schrei die Arme nach oben recken.

HINWEISE ZUR ORGANISATION, METHODIK UND SICHERHEIT:
Diese gemeinsame Aktivität ist als Abschluss eines Tages oder als „Dankeschön!“ für etwas Besonderes gut geeignet.

VARIATION:
weitere Stufen erfinden

Tante Jo macht immer so (Sitz- oder Stehkreis)

SPIELERZAHL: ca. 8 bis 30
SPIELDAUER: ca. 5 bis 10 Min.
MATERIAL: kein

SPIELIDEE UND GRUNDREGELN:

Alle Spieler sitzen oder stehen im Kreis. Der Spielleiter fragt seinen rechten Nachbarn: „Kennst Du Tante Jo?“ Dieser verneint. Der Spielleiter fährt fort: „Tante Jo macht immer so“ und droht zum Beispiel fingerwackelnd mit dem Zeigefinder. Der Nachbar gibt die Frage nach rechts weiter. Dieses wiederholt sich so lange, bis alle Spieler fingerwackelnd dasitzen. Nun gibt der Spielleiter weitere Eigenarten seiner Tante bekannt, wie beispielsweise Kopfschütteln, Hüpfen, Armkreisen, Winken, Kaugummikauen, Schulterzucken oder Backenaufblasen. Erst wenn keine zusätzliche Bewegung mehr möglich ist, endet dieses Spiel

La Ola (Sitzkreis)

SPIELERZAHL: beliebig
SPIELDAUER: ab 1 Min.
MATERIAL: kein

SPIELIDEE UND GRUNDREGELN:

Alle Spieler sitzen im Kreis. Ein Spieler steht auf, es folgen möglichst schnell sein rechter Nachbar und anschließend der nächste Spieler, solange, bis alle Spieler stehen. Dann setzt sich der erste Spieler wieder, alle anderen folgen der Reihe nach. Daraus ergibt sich eine Welle, deren Geschwindigkeit man steigern kann.

VARIATIONEN:

- Die Wellenbewegung wird akustisch durch einen Schrei untermalt.
- Bewegungswelle: Ein Spieler klatscht in die Hände oder macht eine andere Bewegung, die durch den ganzen Kreis weitergegeben wird und solange beibehalten wird, bis irgendein Spieler eine andere Bewegung weiterschickt.
- Alle Spieler sitzen im Stuhlkreis. Die Spielleiterin tippt einem Spieler auf die Schulter. Dieser steht so schnell wie möglich auf und tippt seinem Nebenspieler auf die Schulter. Dieser steht auch schnell auf und gibt den Impuls anschließend weiter. Stehen alle Spieler, tippt die Spielleiterin wieder einen Spieler an. Dieser setzt sich sofort wieder hin und berührt den Oberschenkel eines Nachbarn, so dass die Welle sich jetzt in umgekehrter Weise fortsetzen kann.

Karten rutschen (Sitzkreis)

SPIELERZAHL: ca. 15 bis 40
SPIELDAUER: je nach Anzahl der Spieler ca. 5 bis 15 Min.
MATERIAL: Karten- oder Unospiel

SPIELIDEE UND GRUNDREGELN:

Alle Spieler sitzen im Stuhlkreis und bekommen eine Karte aus einem Uno- oder Kartenspiel. Jeder merkt sich seine Farbe oder sein Zeichen und die Karten werden wieder eingesammelt. Der Spielleiter mischt die Karten, zieht eine Karte und ruft das Zeichen oder die Farbe auf. Alle Spieler, die die entsprechende Karte zu Beginn bekommen hatten, dürfen einen Platz weiter nach links rutschen, entweder auf einen freien Stuhl oder auf den Schoß des Nachbarn. Wird ein Zeichen oder eine Farbe von einem Spieler aufgerufen, bei dem eine Person auf seinem Schoß sitzt, ist er blockiert und darf nicht weiterrücken. Gewinner ist, wer zuerst wieder auf seinem ursprünglichen Platz sitzt.

FINGERSCHNAPPEN (SITZ- ODER STEHKREIS)

SPIELERZAHL: ca. 10 bis 40

SPIELDAUER: ab 2 Min.

MATERIAL: kein

SPIELIDEE UND GRUNDREGELN:

Alle Spieler stehen oder sitzen im Kreis. Die rechte Hand wird mit der Handfläche nach oben zum rechten Nachbarn gehalten, der linke Zeigefinger wird auf die rechte Handfläche des linken Partners gehalten. Auf das Kommando „3" muss jeder versuchen, den Zeigefinger des rechten Nachbars zu schnappen, aber auch gleichzeitig den eigenen linken Zeigerfinger rechtzeitig zu retten. Die Spielleiterin kann auch andere Zahlen rufen, bei denen keiner reagieren darf.

VARIATIONEN:

- Nach ein oder zwei Durchgängen wechselt die Handhaltung, d.h., die linke Hand schnappt und der rechte Zeigefinger muss gerettet werden.
- Das Kommando ändert sich.

WER IST DER VORTURNER? (STEHKREIS)

SPIELERZAHL: ca. 15 bis 40

SPIELDAUER: ab 5 Min.

MATERIAL: kein

SPIELIDEE UND GRUNDREGELN:

Ein oder auch zwei Spieler werden für kurze Zeit vor die Tür geschickt. Alle anderen Spieler stehen im Kreis. Die Gruppe oder der Spielleiter bestimmen einen „Vorturner", der sich Bewegungen ausdenkt, die die Gruppe nachmachen muss, z. B. einen Arm ausschütteln, die Schultern hochziehen, Daumen drehen, Kopf nicken oder mit dem Fuß auf den Boden tippen. Der Spieler, der draußen gewartet hat, stellt sich in die Mitte des Kreises und muss herausfinden, wer der „Vorturner" ist. Dafür hat er drei Versuche.

HINWEISE ZUR ORGANISATION, METHODIK UND SICHERHEIT:

Die Spieler müssen es dem Rater so schwer wie möglich machen. Deshalb sollten sie nicht sehr auffällig zum „Vorturner" schauen. Kleinere Bewegungen sind schwieriger zu erkennen.

MÜCKEN UND FLEDERMÄUSE (STEHKREIS)

SPIELERZAHL: 12 bis 30

SPIELDAUER: ab 5 Min.

MATERIAL: gegebenenfalls Augenbinden für die Fledermaus und die Mücken

SPIELIDEE UND GRUNDREGELN:

Die Spieler stehen im Kreis und fassen sich an den Händen, damit dieser möglichst groß wird. Ein Spieler geht in den Kreis und spielt die Fledermaus. Je nach Größe der Gruppe gehen 3 bis 6 weitere Spieler in den Kreis und spielen die Mücken. Fledermaus und Mücken schließen die Augen oder bekommen diese verbunden, da die Fledermaus nur nachts aktiv ist.
Jetzt beginnt die Jagd. Die Fledermaus versucht, die Mücken zu fangen. Dabei darf sie wie eine echte Fledermaus von Zeit zu Zeit einen Ton aussenden (z. B. „Piep!"). Die Mücken müssen daraufhin genauso antworten, sodass die Fledermaus hören kann, wo die Mücken sind. Wenn eine Mücke von der Fledermaus berührt wird, gibt sich die Mücke zu erkennen, macht die Augen auf und geht in den Außenkreis. Schafft es die Fledermaus, alle Mücken in z. B. 2 Minuten zu fangen oder kann eine Mücke überleben?

HINWEISE ZUR ORGANISATION, METHODIK UND SICHERHEIT:

Die Spieler im Außenkreis sorgen dafür, dass der Fledermaus und den Mücken nichts passiert, und dass diese den Kreis nicht verlassen.

LÖFFELSPIEL (TISCH- ODER SITZKREIS)

SPIELERZAHL: ca. 10 bis 40

SPIELDAUER: ab ca. 5 Min.

MATERIAL: je Mitspieler 1 Löffel

SPIELIDEE UND GRUNDREGELN:

Alle Spieler sitzen in einem Kreis auf dem Boden oder in Kleingruppen an Tischen. In der Mitte liegen Löffel, in der Anzahl einer weniger als Mitspieler, auf einem Haufen. Alle nehmen die Hände auf den Rücken. Die Spielleiterin beginnt nun eine Geschichte zu erzählen, z. B. „Familie Messer sitzt im China-Restaurant ..." Jedes Mal, wenn das Wort „Löffel" fällt, muss jeder Spieler versuchen, einen der Löffel zu erwischen. Wer keinen ergattert, setzt die Geschichte fort.

Tiger im Kreis (Stehkreis)

SPIELERZAHL: ab 15 bis nahezu unbegrenzt

SPIELDAUER: ab 2 Min.

MATERIAL: langes Seil, das an den Enden zusammengeknotet wird, oder eine Zauberschnur

SPIELIDEE UND GRUNDREGELN:

Alle Spieler stehen im Kreis und halten sich mit beiden Händen vor ihrem Bauch an einem langen Seil fest. Ein (später auch 2, 3, 4 oder 5) Spieler gehen als Tiger in die Mitte des Kreises und müssen nun versuchen, eine beliebige Hand der Mitspieler am Seil abzuschlagen. Wird eine Hand getroffen, werden die Plätze von Tiger und Kreisspieler getauscht.

HINWEISE ZUR ORGANISATION, METHODIK UND SICHERHEIT:

Achtung: Ringe und Schmuck sind vor Beginn unbedingt abzulegen. Die Treffer auf der Hand können etwas wehtun. Dieses Spiel macht häufig viel Spaß und durch den hohen Reaktionsdruck müde Spielende schnell munter. Damit das Spiel interessant bleibt, können gut die untenstehenden Variationen genutzt werden. Wenn eine Zauberschnur genutzt wird, sollte darauf geachtet werden, dass diese nicht zu viel Spannung hat oder die Teilnehmer die Zauberschnur nicht loslassen, da ansonsten die Schnur gegen die Tiger schlägt.

VARIATIONEN:

- Die Spieler müssen immer eine Hand am Seil haben.
- Die Spieler dürfen das Seil nicht loslassen, sondern dürfen nur die Hände am Seil verschieben.
- Die Tiger dürfen einen Schlag antäuschen. Wer auf die Täuschung hereinfällt, muss in den Kreis. Im Zweifelsfall müssen sich die Spieler hier einigen.
- Fällt das Seil auf den Boden, wechseln alle Spieler.

Anatomische Partnersuche (Stehkreis)

SPIELERZAHL: 16 bis ca. 40

SPIELDAUER: ab 3 Min.

MATERIAL: Musik

SPIELIDEE UND GRUNDREGELN:

Die Spieler bilden Paare. Ein Spieler jedes Paares gehört zum inneren Kreis, der andere zum äußeren. Beide Kreise bewegen sich in entgegengesetzter Richtung vorwärts, z. B. der innere Kreis im, der äußere gegen den Uhrzeigersinn Dazu wird Musik eingespielt. Wenn die Musik aufhört, nennt der Spielleiter laut zwei Körperteile, z. B. „Hand - Ohr". Die Partner müssen nun ganz schnell zusammenkommen, die Kreise werden aufgelöst, und einer von den beiden legt seine Hand an das Ohr des anderen. Der Spielleiter denkt sich die verschiedensten Kombinationen aus: Daumen – Ferse, Knie – Kinn, Kopf – Magen, Ellbogen – Hinterteil, Schulter – Nase.

VARIATIONEN:

- Das schnellste Paar darf das nächste Kommando geben.
- Das Paar, das eine Aufgabe zuletzt erfüllt, bekommt einen Minuspunkt. Gewonnen hat das Paar mit den wenigsten Minuspunkten.

Ostfriesen-Begrüssung (Sitzkreis)

SPIELERZAHL: beliebig

SPIELDAUER: ab 1 Min.

MATERIAL: kein

SPIELIDEE UND GRUNDREGELN:

Alle Spieler sitzen im Kreis und müssen sich gleichzeitig viermal auf die Schenkel klatschen, viermal in die Hände klatschen, viermal mit den Füßen auf den Boden stampfen, aufstehen und dreimal laut „Moin" schreien. Bei jedem „Moin" wird die rechte Hand zur Faust geballt und nach vorne gestoßen. Anschließend wird diese Abfolge dreimal im gleichen Takt wiederholt.

VARIATION:

nach jedem Durchgang etwas schneller werden

MAGISCHE REIFEN (STEHKREIS)

SPIELERZAHL: ca. 8 bis 40

SPIELDAUER: ab 5 Min.

MATERIAL: für jeden Spieler einen Gymnastikreifen

SPIELIDEE UND GRUNDREGELN:

8 oder mehr Spieler bilden einen Kreis mit Handfassung. Auf allen gefassten Händen hängt ein Gymnastikreifen. Die Aufgabe besteht darin, alle Reifen einmal durch den Kreis bis zu ihrem Ausgangspunkt wandern zu lassen, ohne die Hände zu lösen. Dabei dürfen sich die Reifen nicht berühren.

HINWEISE ZUR ORGANISATION, METHODIK UND SICHERHEIT:

Bei jüngeren Schülern ist das Spiel einfacher, wenn sich weniger Reifen im Kreis befinden, z. B. nur bei jedem zweiten Schüler.

VARIATION:

Wettkampfvariante: Es werden zwei oder mehrere Kreise gebildet. Welchem Kreis gelingt es zuerst, alle Reifen eine Runde wandern zu lassen?

KRAKENBALL (SITZKREIS)

SPIELERZAHL: 15 bis 40

SPIELDAUER: ab 3 Min.

MATERIAL: 1 bis 4 Bälle, auch Tennisbälle

SPIELIDEE UND GRUNDREGELN:

Alle Spieler sitzen im Kreis und rollen sich einen oder mehrere Bälle zu. Nur die direkten Nachbarn dürfen nicht angespielt werden. In der Kreismitte sitzt oder liegt eine Krake, die versucht, einen Ball zu berühren. Gelingt ihr dieses, wechselt sie die Position mit dem Spieler, der zuletzt am Ball war.

VARIATION:

Zwei oder mehr Kraken befinden sich im Kreis.

Ah – Wer – Du/A-So-Ko (Stehkreis)

SPIELERZAHL: ca. 10 bis 40

SPIELDAUER: ab 5 Min.

MATERIAL: kein

SPIELIDEE UND GRUNDREGELN:

Die Spielenden stehen im Kreis. Ein Spieler beginnt: Er hebt den rechten oder linken Arm über den Kopf, zeigt so auf den linken oder rechten Nachbarn und sagt laut: „Ah!" Der Angesprochene zeigt wiederum mit seinem rechten oder linken Arm, aber diesmal mit dem Zeigefinger am Kinn, auf seinen linken oder rechten Nachbarn und sagt laut: „Wer?" Der jetzt angesprochene zeigt mit dem ausgestreckten Arm auf eine Person auf der anderen Seite des Kreises und sagt lauf: „Du!" Der jetzt angesprochene Spieler darf das Spiel annehmen und fängt somit wieder von vorne an. Oder der angesprochene Spieler lehnt mit vor dem Körper gekreuzten Armen das Spiel ab. Dann setzt der vorige Spieler (der „Du-Sager") das Spiel fort, in dem er wieder mit „Ah!" beginnt.

HINWEISE ZUR ORGANISATION, METHODIK UND SICHERHEIT:

Bei jüngeren Spielern bietet es sich an, die anfangs etwas komplexen Armbewegungen weg zu lassen und einfach immer mit dem Arm auf jemanden zu zeigen.

VARIATIONEN:

- A-So-Ko: Alle Spieler stehen im Kreis. Der Startspieler sagt „A" und zeigt mit der rechten Hand auf einen anderen Spieler im Kreis, der jedoch kein Nachbar sein darf. Dieser sagt „So" und zeigt entweder mit dem rechten Arm vor dem Bauch auf seinen linken Nachbarn oder mit seinem linken Arm vor der Brust auf seinen rechten Nachbarn. Dieser Nachbar sagt „Ko" und zeigt entweder mit seinem linken Arm über Kopf auf seinen rechten Nachbarn oder mit seinem rechten Arm über Kopf auf seinen linken Nachbarn. Macht ein Spieler einen Fehler, zeigen alle mit dem Finger auf ihn und rufen „Raus!". Wer ausgeschieden ist, darf durch Dazwischenreden stören.
- Ying-Yang: Alle Spieler stehen im Kreis. Einer legt die Hand auf den Kopf und sagt dazu „Ying". Hierbei zeigen die Finger auf den rechten oder linken Nachbarn. Dieser legt die Hand unter das Kinn und sagt dazu „Yang". Der nun angedeutete Nachbar zeigt mit ausgestrecktem Arm auf einen beliebigen Mitspieler. Dieser wiederum legt die Hand auf den Kopf und sagt: „Ying". Macht ein Spieler einen Fehler, muss er den Kreis verlassen. Außerhalb des Kreises versucht er nun, die Aufmerksamkeit der anderen Spieler abzulenken, ohne diese zu berühren. Begeht ein anderer Spieler einen Fehler, darf der außerhalb des Kreises Stehende wieder mitspielen. Der andere muss jetzt außerhalb des Kreises seine Späße treiben.
- Wer einen Fehler macht, scheidet aus.
- Wer einen Fehler macht, scheidet aus, darf aber die anderen stören, indem er ohne die Spielenden zu berühren Gesten oder Zeichen macht (ohne Geräusche).

- Wer einen Fehler macht, scheidet aus, darf aber die anderen stören, indem er, ohne die Spielenden zu berühren, Geräusche macht (schwerer) oder auch Gesten und Geräusche machen darf (noch schwerer).

Wörterball (Stehkreis)

SPIELERZAHL: ca. 10 bis 30

SPIELDAUER: ab ca. 3 Min.

MATERIAL: 1 Ball pro Kreis

SPIELIDEE UND GRUNDREGELN:

Alle Spieler stehen im Kreis. Ein Spieler wirft einem beliebigen Mitspieler einen Ball zu und nennt gleichzeitig ein Wort. Der Mitspieler fängt den Ball und nennt dabei sofort ein Wort, das mit dem letzten Buchstaben des vorherigen Wortes beginnt, z. B. Baum, Maus, Sonne. Wer zu langsam reagiert oder den Ball nicht fängt, bekommt gegebenenfalls einen Minuspunkt oder muss ein Pfand abgeben.

VARIATIONEN:

- Der Ball wird mit dem Fuß zugespielt.
- Es wird mit zusammengesetzten Substantiven oder Adjektiven gespielt. Das Wort muss mit dem letzten Teil des zuvor gesagten beginnen: Dachstuhl – Stuhlbein – Beinkleid usw.

Klopfzeichen (Tischkreis)

SPIELERZAHL: 10 bis 30

SPIELDAUER: ab 5 Min.

MATERIAL: kein

SPIELIDEE UND GRUNDREGELN:

Alle Spieler setzen sich um einen großen Tisch und legen ihre Handflächen so auf die Tischplatte, dass sie sich mit beiden Nachbarn überkreuzen. Ein Spieler fängt an und sendet durch Heben und Senken der Finger ein Signal aus. Dieses muss jetzt so schnell wie möglich von Hand zu Hand weiter geleitet werden. Sobald aber ein Spieler das Signal zweimal schnell hintereinander aussendet, wechselt die Richtung. Wer falsch oder zu spät reagiert, muss die „Fehlerhand“ vom Tisch nehmen.

KOMMANDO PIMPERLE! (TISCHKREIS)

SPIELERZAHL: 10 bis 30

SPIELDAUER: ab 5 Min.

MATERIAL: kein

SPIELIDEE UND GRUNDREGELN:

Alle Spieler setzen sich um einen großen Tisch und klopfen mit ihren Zeigefingern abwechselnd auf die Tischkante (Kommando Pimperle!). Im weiteren Spielverlauf ruft die Spielleiterin weitere Kommandos:
Kommando flach: Die Handflächen schlagen auf den Tisch
Kommando Fass: Beide Fäuste nebeneinander auf den Tisch legen
Kommando Bock: Beide Fäuste übereinander stellen
Kommando Doppelbock: Vier Fäuste übereinander stellen
Wer falsch reagiert oder wer reagiert, ohne dass die Spielleiterin das Wort „Kommando" gesagt hat, gibt neue Kommandos.

HINWEISE ZUR ORGANISATION, METHODIK UND SICHERHEIT:

Bei jüngeren Schülern sollten am Anfang die zusätzlichen Kommandos nach und nach eingeführt werden.

VARIATIONEN:

Weitere Aufgaben sind denkbar oder das Spiel wird mit anderen Kommandos in der Bewegung gespielt.

FRÖSCHE (STEHKREIS)

SPIELERZAHL: 10 bis 40

SPIELDAUER: ab 5 Min.

MATERIAL: ggf. Augenbinden

SPIELIDEE UND GRUNDREGELN:

3–4 Spieler sind die Frösche und befinden sich mit verbundenen Augen in der Kreismitte. Die restlichen Spieler stellen sich so im Kreis auf, dass nur eine Öffnung als Ausgang frei ist. Die Frösche in der Mitte fassen sich an die eigenen Knöchel und jeder versucht nun, so den Ausgang zu finden. Hat ein Frosch den Ausgang gefunden, dann gibt er durch lautes Quaken den anderen Fröschen ein Signal, sodass diese auch den Ausgang finden.

Spiele zum Kennenlernen zielen auf mehr ab als die Namen der anderen Spieler zu erfahren und sich diese zu merken. „Kennenlernen" meint auch, die Mitglieder einer Gruppe zu erfahren und zu erspüren, sich miteinander zu verständigen sowie mit den anderen der Gruppe etwas zu machen oder zu gestalten. Insofern sind erst einmal Spiele ganz allgemein sehr geeignet, die Mitglieder einer Gruppe kennenzulernen und andere Menschen zu erfahren. Manche Spiele eignen sich aber auch weniger für das Kennenlernen oder die Gruppenfindung, weil Sieg und Niederlage Findungsprozesse blockieren oder behindern.

Die nachfolgenden Spiele stellen das „Kennenlernen" in den Mittelpunkt der Spielhandlungen, beispielsweise wenn herausgefunden werden soll, wer aus der Gruppe fehlt oder wenn die Spieler sich gegenseitig helfen müssen, um ein Problem gemeinsam zu lösen. Die nachfolgenden Spiele erleichtern damit insgesamt den Spielern die Orientierung in einer neuen Gruppe und führen dazu, dass die Spieler untereinander „warm" werden und lernen, miteinander zu spielen sowie zu arbeiten.

Oft ist es sinnvoll, Kennenlernspiele und Spiele zur Gruppenfindung in einer neu gebildeten Gruppe am Anfang zu spielen, damit sich die Gruppe erst einmal finden kann, bevor andere Spiele gespielt werden. Viele der nachfolgenden Spiele machen aber auch noch Spaß, wenn die Gruppe sich schon kennt. Sie werden dann intensiver und persönlicher gespielt.

EISSCHOLLENSPIEL

SPIELERZAHL: 10 bis 30

SPIELDAUER: ab 10 Min.

MATERIAL: kein

SPIELIDEE UND GRUNDREGELN:

Eine Gruppe muss über Stühle durch einen Raum zur Tür kommen. Dazu werden weniger Stühle als Mitspieler (bei 15 Mitspielern z. B. 12 Stühle) in der hinteren Hälfte des Raums aufgestellt. Alle Spieler verteilen sich auf die Stühle. Sobald das Spiel beginnt, darf keiner mehr den Boden berühren, sonst muss wieder neu gestartet werden. Ziel ist es nun, ohne mit dem Stuhl zu springen oder ihn auf dem Boden zu schleifen, einen Weg für alle zur Tür zu bilden.

VARIATION:

2 Gruppen spielen gegeneinander. Wer ist schneller?

ZIPP – ZAPP!

SPIELERZAHL: ab ca. 15 bis 40

SPIELDAUER: ab 3 Min.

MATERIAL: kein

SPIELIDEE UND GRUNDREGELN:

Alle Spieler sitzen im Stuhlkreis. Einer von ihnen steht in der Mitte, zeigt auf einen Spieler und ruft laut „Zipp!“, „Zapp!“ oder „Zipp! – Zapp!“

- Bei „Zipp!“ muss der Spieler den Namen seines linken Nachbarn sagen.
- Bei „Zapp!“ muss der Spieler den Namen seines rechten Nachbarn sagen.
- Bei „Zipp – Zapp!“ wechseln alle Spieler ihren Platz und der in der Mitte Stehende kann sich einen Platz suchen. Der übrig bleibende Spieler steht nun in der Mitte.

Macht jemand einen Fehler, muss dieser in die Mitte. Bei „Zipp – Zapp!“ geht der in die Mitte, der nicht schnell genug einen freien Platz gefunden hat.

HINWEISE ZUR ORGANISATION, METHODIK UND SICHERHEIT:

Das Spiel lebt stark von der Schnelligkeit und kann z. B. am Ende einer Stunde helfen, die Namen einer neuen Gruppe zu sichern. Es funktioniert aber auch in Gruppen, die sich kennen.

VARIATION:

Der Mittelspieler wirft einem Kreisspieler einen Ball zu und ruft „zipp“ oder „zapp“. Dieser Spieler muss den Ball fangen und den richtigen Namen nennen.

NAMEN-WETTKAMPF

SPIELERZAHL: 10 bis 40

SPIELDAUER: ab ca. 5 Min.

MATERIAL: Decke, Leinentuch oder Fallschirm

SPIELIDEE UND GRUNDREGELN:

Die Spieler werden in zwei Gruppen geteilt und durch einen Sichtschutz (große Decke, Leinentuch, Fallschirm) voneinander getrennt. Zwei Spieler müssen die Decke halten. Jede Gruppe sucht einen (alternativ 2 oder 3) Spieler ihrer Gruppe leise aus. Diese setzen sich direkt vor die Decke. Wenn diese fällt, sehen die Spieler den „Gegner“ der anderen Gruppe und rufen laut dessen Namen. Wer verliert, weil sein Gegenüber seinen Namen zuerst rief, muss die Seite wechseln.

Rate, wer unter der Decke steckt

SPIELERZAHL: 10 bis 30

SPIELDAUER: ca. 5 bis 15 Min.

MATERIAL: eine große Decke, ein Leinentuch oder einen Fallschirm

SPIELIDEE UND GRUNDREGELN:

Alle Spieler sitzen im Kreis. Ein Spieler geht vor die Tür. In der Zwischenzeit tauschen alle Kreisspieler ihre Plätze und ein Spieler wird in der Kreismitte unter einer Decke versteckt (je nach Gruppe und Geschmack: der Esel, die Maus, der Löwe usw.). Der hereingerufene Spieler muss raten, wer fehlt. Er kann auch sagen: „Esel (Maus oder Löwe), ruf mal „I-Aah!“ (Maus, piep einmal! Löwe brüll einmal!). Dann muss der Spieler unter der Decke mit möglichst verstellter Stimme ein entsprechendes Geräusch machen/imitieren. Wird er dann immer noch nicht erraten, ruft der ratende Spieler „Esel (Maus, Löwe), streck mal eine Hand, einen Fuß … heraus!“. Das Spiel geht solange weiter, bis der Esel erraten wird. Anschließend geht ein anderer Spieler vor die Tür.

Wem gehört der Schuh?

SPIELERZAHL: 10 bis 30

SPIELDAUER: ca. 10 Min.

MATERIAL: kein besonderes Material, nur die Schuhe, die die Spieler sowieso tragen

SPIELIDEE UND GRUNDREGELN:

Jeder Spieler zieht einen Schuh aus. Alle Schuhe werden auf einem großen Haufen in der Mitte gesammelt. Nun wird die Musik eingeschaltet und die Schüler können sich durcheinander im Raum bewegen. Wenn die Musik ausgeschaltet wird, greift sich jeder blind einen Schuh vom Stapel und versucht, den Besitzer zu finden. Das Chaos, das entsteht, wenn jeder jemanden sucht und dabei selber gesucht wird, ist gewollt.
Sobald ein Spieler den Schuhbesitzer gefunden hat, muss er ihm drei Fragen stellen, zum Beispiel: Name, Alter, Hobbies usw.

VARIATION:

Nachdem jeder seinen Interviewpartner gefunden hat und die Fragen beantwortet sind, stellen die Spieler den Schuhbesitzer kurz vor: „Der Besitzer dieses Schuhes heißt Karsten, seine Hobbies sind …“

Have you ever .../ Ich würde gerne mal ...

SPIELERZAHL: 10 bis 40

SPIELDAUER: ab ca. 5 Min.

MATERIAL: kein

SPIELIDEE UND GRUNDREGELN:

Alle Spieler sitzen im Stuhlkreis. Eine Person steht in der Kreismitte und stellt eine einfache Frage, die sie selbst mit „Ja!" beantworten kann, z. B. Hast du schon einmal Eis gegessen?", „Hast du schon einmal einen Salto gemacht?" „Ist Fußball spielen deine Lieblingsbeschäftigung?", oder „Warst du schon einmal auf Mallorca?"
Wer die Frage ebenfalls mit „Ja!" beantworten kann, muss den Platz wechseln. Der Spieler in der Mitte versucht jetzt, einen Platz für sich zu sichern. Wer übrig bleibt, stellt schnell eine neue Frage.

HINWEISE ZUR ORGANISATION, METHODIK UND SICHERHEIT:

Bei jüngeren Spielern sollten zwei Kinder in der Mitte stehen, damit diese schneller eine Frage formulieren können. Auch kann es leichter sein, statt der Frage eine Aussage zu formulieren, wie z. B. „Ich esse gerne Eis!" Wer dieser Aussage zustimmen kann, wechselt wieder den Platz.

Gegebenenfalls sollte eine Regel dafür sorgen, dass man nicht den Platz seiner Nachbarn einnehmen darf.

VARIATIONEN:

- Zum Kennenlernen können auch gut Wünsche formuliert werden, z. B. „Ich würde gerne mal mit euch Fußball spielen." oder „Ich würde gerne mal nach Mallorca fliegen."
- Dieses Spiel dient in erster Linie dem Kennenlernen. Es kann aber auch sehr gut am Ende des Unterrichts als „Reflexionshilfe" genutzt werden, wenn nur Fragen mit Bezug zur vergangenen Stunde gestellt werden dürfen, wie „Hattest du auch Probleme bei der Aufgabe 1?"

Bewegte Vorstellungsrunde

SPIELERZAHL: 5 bis 30

SPIELDAUER: je nach Gruppengröße ab ca. 2 Min.

MATERIAL: kein

SPIELIDEE UND GRUNDREGELN:

Alle Spieler stehen im Kreis und schauen sich gespannt an. Dann beginnt am besten der Spielleiter selbst sich vorzustellen, indem er seinen Namen durch eine Bewegung oder eine großräumige Geste begleitet, zum Beispiel Klavier spielen oder ein lachendes Gesicht malen.

HINWEISE ZUR ORGANISATION, METHODIK UND SICHERHEIT:

Grundsätzlich gibt es verschiedene Varianten der Durchführung: Bei der einfachsten Variante macht jeder Spieler nur seine Bewegung vor und die anderen machen diese einmal nach. Die Vorstellung kann in kleineren Gruppen auch wie Kofferpacken gespielt werden. Dann muss jeder Name mit jeder Geste wiederholt werden, bevor am Schluss der eigene Name mit einer Geste vorgestellt wird. In großen Gruppen kann dies sehr lange dauern und schwierig werden. Hier empfiehlt sich eine Zwischenvariante, sodass nur die letzten 3 bis 5 Namen mit Geste wiederholt werden.

VARIATION:

Der große Georg: Die Teilnehmer verbinden ihren Namen mit einem zu ihnen passendem Adjektiv, das gegebenenfalls mit dem gleichen Anfangsbuchstaben beginnt und einer entsprechenden Bewegung. Beispiel: Ich bin der große Georg (Arme gehen nach oben), die tennisspielende Ina (Tennisschlag), die humpelnde Hanna usw.

Atomspiel mit Vorstellung

SPIELERZAHL: 10 bis 40

SPIELDAUER: ab 5 Min.

MATERIAL: kein

SPIELIDEE UND GRUNDREGELN:

Die Spieler laufen zur Musik durcheinander. Bei Stopp zeigt die Spielleiterin eine Zahl mit seinen Fingern (die Zahlen 2 bis 5). Entsprechend viele Spieler müssen sich zu Kleingruppen finden und eine Aufgabe lösen, z. B. eine Gemeinsamkeit feststellen, sich ihre Hobbies verraten, herausfinden, was alle nicht mögen, ein Wesen mit 5 Beinen darstellen usw.

Begrüssungsspiel

SPIELERZAHL: beliebig

SPIELDAUER: ca. 5 Min.

MATERIAL: kein

SPIELIDEE UND GRUNDREGELN:

Alle Spieler laufen zur Musik durch die Klasse. Wenn sich zwei Spieler begegnen, begrüßen sie sich und drehen sich danach wieder um und laufen weiter.

VARIATIONEN:

- Begrüßung durch unterschiedliche Gesten, u. a. Hand geben, Umarmen, Popo aneinander reiben, Nasen reiben usw.
- Begrüßung in unterschiedlichen Dialekten oder Sprachen: „Hi, my name ist Bob“ oder „Hi, yes I know your name is Charlie!“ (siehe auch das nachfolgende Spiel „Internationale Begrüßung“)

Stilles Namensalphabet

SPIELERZAHL: 10 bis 40

SPIELDAUER: je nach Gruppengröße ab 2 Min.

MATERIAL: kein

SPIELIDEE UND GRUNDREGELN:

Alle Spieler sitzen im Kreis und sagen ihre Namen. Für diese Leistung wird allen gedankt, jedoch kommt jetzt erst die Herausforderung: Die Gruppe soll sich in alphabethischer Reihenfolge in den Kreis setzen, ohne zu sprechen! Die Gruppe kann bei Bedarf mehrere Versuche nutzen und dazwischen wieder die Namen laut nennen.

VARIATIONEN:

- Sortieren nach der Größe, der Schuhgröße, des Geburtsmonats usw.
- Mehrere Gruppen spielen gegeneinander.

INTERNATIONALE BEGRÜSSUNG

SPIELERZAHL: beliebig

SPIELDAUER: ab 2 Min.

MATERIAL: kein

SPIELIDEE UND GRUNDREGELN:

Alle Spieler laufen zur Musik durcheinander. Wenn die Musik stoppt, begrüßen sich alle gegenseitig auf die vorher vereinbarte Art oder die Spielleiterin sagt die jeweilige Begrüßungsform an.

- Chinesisch: Arme vor der Brust verschränken und sich voreinander verbeugen
- Inuit: Nasen gegeneinander rubbeln
- Russisch: rechts und links umarmen
- Deutsch: die Hände schütteln
- Indianer: Daumen, Zeige- und Mittelfinder auf das Herz legen und eine leichte Verbeugung machen
- Französisch: Handkuss
- Sportler: High five

WIRBELSTURM

SPIELERZAHL: beliebig ab 15

SPIELDAUER: ca. 5 Min.

MATERIAL: kein

SPIELIDEE UND GRUNDREGELN:

Alle Spieler fassen sich an den Händen und bilden so eine lange Reihe. Der Anfang steht fest in der Mitte des Raums und darf sich nicht mehr bewegen. Das Ende beginnt nun, um diese Mitte wie ein Wirbelsturm herumzulaufen, sodass sich die Reihe immer enger um die Person in der Mitte wickelt.

Sind alle Spieler „aufgewickelt“, löst sich diese enge Spirale wieder auf, indem der innerste Spieler (der Anfang der Reihe) durch die anderen Spieler nach außen schlüpft. Die Hände werden dabei nicht losgelassen, sodass alle anderen folgen.

Wenn noch Zeit ist, wickelt sich die Schlange um das andere Ende und die Spirale wird danach wieder wie zuvor aufgelöst.

HINWEISE ZUR ORGANISATION, METHODIK UND SICHERHEIT:

Je nach Lerngruppe kann der enge Kontakt für die Spieler sehr lustig sein.

Gemeinsames Aufstehen

SPIELERZAHL: ab 8

SPIELDAUER: ab ca. 3 Min.

MATERIAL: kein

SPIELIDEE UND GRUNDREGELN:

Alle Spieler sitzen zunächst paarweise auf dem Boden und sollen nun gemeinsam aufstehen. Hierbei sitzen sie entweder Rücken an Rücken oder sind sich gegenseitig zugewandt und geben sich die Hände. Zumindest beim ersten Mal sollte diese Problemstellung Schritt für Schritt erarbeitet werden, indem alle zunächst paarweise das Aufstehen erproben und üben. Ist dies geschafft, arbeiten zwei Paare miteinander. Können die Spieler zu viert aus beiden Positionen aufstehen, versuchen sie es mit einer weiteren Gruppe, also zu acht. Am Ende soll dann die gesamte Gruppe gemeinsam aufstehen.

VARIATIONEN:

- Alle Spieler sitzen Schulter an Schulter in einem Außenstirnkreis, haken sich ein und versuchen, gemeinsam aufzustehen. Das Aufstehen gelingt besser, je enger man mit seinen Nebenleuten verbunden ist.
- Anschließend gemeinsam wieder setzen.
- Kleinere Kreise mit 3 oder 4 Spielern bilden.
- 2 Spieler sitzen sich mit leicht gebeugten Knien, sich berührenden Fußspitzen und gefassten Händen gegenüber. Aufgabe ist es, sich gegenseitig hoch zu ziehen und gemeinsam aufzustehen. Anschließend versuchen es die Spielenden zu viert, zu sechst und zum Schluss je nach Können mit der gesamten Gruppe.
- 2 Spieler setzen sich auf den Boden und drücken in der Luft ihre Fußsohlen gegeneinander. Die Beine sind angewinkelt und jeder Spieler stützt sich mit seinen Händen nach hinten ab. Durch Druck auf die Füße des Partners versuchen beide, ihr Gesäß vom Boden anzuheben.

Blinde Formen

SPIELERZAHL: ab 10 bis ca. 30/40

SPIELDAUER: ab 5 bis 10 Min.

MATERIAL: ggf. Augenbinden für alle Spielenden

SPIELIDEE UND GRUNDREGELN:

Alle Spieler fassen sich an den Händen und schließen die Augen oder verbinden sich zuvor die Augen. Nun soll die Gruppe gemeinsam eine Figur, z. B. ein Viereck bilden. Hierzu ist es notwendig, dass sich die Spieler gut untereinander verständigen. Sind alle Spieler der Meinung, dass die Form gebildet wurde, öffnen sie die Augen.

HINWEISE ZUR ORGANISATION, METHODIK UND SICHERHEIT:

Die Aufgabe ist für die Spielenden nicht einfach. Deshalb sollten die Aufgaben am Anfang möglichst leicht sein. Auch sollte die Gruppe über gute kommunikative Fähigkeiten verfügen, damit sich die Spielenden zielführend bei dieser Gruppenaufgabe verständigen können. Je jünger die Spieler sind und je größer die Gruppe ist, desto schwieriger wird dies sein.

VARIATIONEN:

- Zwei oder mehr Gruppen spielen gegeneinander. Der Spielleiter verteilt Punkte für die beste Form.
- Schwieriger als ein Viereck sind folgende Formen: Dreieck, Rechteck, Quadrat, Sechseck, Fünfeck.
- Mit offenen Augen spielen. Welche Gruppe löst die Aufgabe am schnellsten oder schönsten? Auch Buchstaben, Zahlen oder Symbole sind möglich.

Gesucht wird XY

SPIELERZAHL: ab 20

SPIELDAUER: ab ca. 2 Min.

MATERIAL: kein

SPIELIDEE UND GRUNDREGELN:

Alle Spieler bewegen sich frei im Raum. Ab und zu ruft die Spielleiterin oder auch ein Mitspieler: „Gesucht wird …“ Und setzt den Namen eines Spielers ein. Wer dem genannten Spieler zuerst die Hand auf die Schulter legt, bekommt einen Punkt oder darf ganz einfach die nächste Suchaufgabe stellen.

Gordischer Knoten

SPIELERZAHL: 10 bis 40

SPIELDAUER: ab 5 Min.

MATERIAL: kein

SPIELIDEE UND GRUNDREGELN:

Die Spieler bilden einen großen Kreis. Mit ausgestreckten Händen gehen alle gleichzeitig in Richtung Kreismitte. Jeder Spieler sollte nun mit der linken und rechten Hand zwei verschiedene Personen an die Hand nehmen. Wenn alle Spieler miteinander verbunden sind, muss die Gruppe versuchen, den Knoten zu lösen, ohne die Hände loszulassen.

HINWEISE ZUR ORGANISATION, METHODIK UND SICHERHEIT:

Bei größeren Gruppen oder bei wenig Zeit sollten 2 bis 3 Gruppen gebildet werden. Bei jungen Spielern sind Gruppengrößen von ca. 10 sinnvoll, bei älteren auch z. T. deutlich darüber hinaus. Manchmal entstehen in einer Gruppe auch zwei oder drei Kreise. Manchmal sind Knoten auch nicht auflösbar.

VARIATIONEN:

- Die Spieler schließen, bevor sie in die Kreismitte gehen, um anderen die Hände zu reichen, die Augen. Wenn alle verbunden sind, öffnen die Spieler wieder die Augen und lösen den Knoten.
- Die Spieler dürfen nicht miteinander reden und müssen versuchen, sich ohne Worte zu verständigen.

Buchstabenturnen

SPIELERZAHL: 12 bis 40

SPIELDAUER: ca. ab 5 Min.

MATERIAL: Für jede Gruppe 5 Buchstaben- oder Zahlenkarten

SPIELIDEE UND GRUNDREGELN:

5–6 Spieler bilden jeweils eine Gruppe. Jede Gruppe bekommt mehrere Buchstaben- oder Zahlenkarten und versucht gemeinsam, diese mit ihren Körpern darzustellen.

VARIATIONEN:

- Der Spielleiter sagt einen Buchstaben oder eine Zahl. Welche Gruppe kann ihn als erste erkenntlich darstellen?
- Die Gruppe denkt sich ein Symbol aus, zum Beispiel den Eiffelturm, und der Spielleiter muss es erraten.

Kampf der Stimmen

SPIELERZAHL: ab 10

SPIELDAUER: ab ca. 3 Min.

MATERIAL: kein

SPIELIDEE UND GRUNDREGELN:

Zwei Mannschaften stehen sich gegenüber. Ziel ist es, nur mit Hilfe der Stimme und der Körperhaltung Überlegenheit oder Schwäche auszudrücken.

Anregungen:
- Die erste Gruppe sagt laut „Wir sind lauter!".
- Die zweite Gruppe sagt leise „Wir sind leiser".
- Anschließend werden nach dreimaligem Ruf die Rollen getauscht.

Erste Ergänzung: Die laute Gruppe ruft „Wir sind lauter!" und geht gleichzeitig 4 Schritte nach vorne, die leise Gruppe sagt „Wir sind leiser!" und geht vier Schritte zurück.
Zweite Ergänzung: große, bedrohliche Körperhaltung – kleine, ängstliche Körperhaltung.

VARIATIONEN:
- Beide Gruppen sprechen gleichzeitig.
- Beide Gruppen machen zusätzliche Kampf- und/oder Schutzgesten.

Einmal wenden und zurück

SPIELERZAHL: ab 8 Personen

SPIELDAUER: ab 2 Min.

MATERIAL: für jede Mannschaft eine Decke

SPIELIDEE UND GRUNDREGELN:

Die Spieler stehen alle auf einer Decke. Jetzt müssen sie die Decke einmal komplett wenden, ohne dass ein Spieler die Decke verlässt. Anschließend wird die Decke ebenso wieder in die Ausgangsposition gedreht.

VARIATION:

Es können auch mehrere Mannschaften gegeneinander spielen. Gewonnen hat die Mannschaft, die die Aufgabe am schnellsten löst. Tritt ein Spieler auf den Boden, muss wieder neu begonnen werden.

FARB-KLOPF-SPIEL

SPIELERZAHL: ab ca. 16

SPIELDAUER: ca. 5 bis 10 Min.

MATERIAL: ein doppelter Satz Farbkarten

SPIELIDEE UND GRUNDREGELN:

Informationen müssen über Klopfzeichen weitergegeben werden. Die Gruppe wird in zwei oder mehr Mannschaften eingeteilt. Die Mannschaften bekommen nun Zeit, für jede Farbe ein Klopfzeichen zu vereinbaren, z. B. rot = in den Nacken klopfen und gelb = auf die linke Schulter klopfen. Die Gruppen setzen sich nun gruppenweise in jeweils einer Reihe hintereinander. Vor den Reihen, zwischen den Vordermännern, liegen verschiedene Farbkarten. Die Spielleiterin hat die gleichen Farbenkarten und zeigt nun den hintersten Spielern eine Farbe an. Diese wird durch Klopfzeichen an den Vordermann weitergegeben. Dieser gibt sie an seinen Vordermann weiter. Der Kopf der Gruppe nimmt letztendlich die entsprechende Farbkarte auf und zeigt sie hoch. Die Mannschaft, die als erste die richtige Karte hoch hält, darf einen Spieler weiter rutschen und der vorderste Spieler setzt sich an das Ende der Schlange. Sieger des Spieles ist die Mannschaft, deren erster Vordermann zuerst wieder vorne sitzt.

DIE SCHNELLE TELEFONLEITUNG/ DAS RITUAL DER SCHAMANEN

SPIELERZAHL: ab ca. 16

SPIELDAUER: ab 5 Min.

MATERIAL: verschiedene Gegenstände nach Wahl, eine Münze

SPIELIDEE UND GRUNDREGELN:

Zwei Mannschaften sitzen auf zwei Stuhlreihen Rücken an Rücken. An beiden Enden wird ein Stuhl quergestellt. Auf einem Stuhl liegt ein „Kultgegenstand“ (Schlüssel, Ball, Tuch), auf dem anderen Stuhl am Kopf der Reihe wird der Spielleiter eine Münze werfen. Die Mannschaften fassen sich an den Händen und alle Spieler schließen die Augen, nur der jeweils erste Spieler wartet mit offenen Augen auf den Münzwurf, der den Kampf um den Kultgegenstand eröffnet. Bei Zahl passiert gar nichts. Doch Kopf ist das Zeichen dafür, dass der Kultgegenstand ergriffen werden soll. Diese Botschaft muss von den Startspielern schnell per Händedruck weitergegeben werden, es darf nicht gesprochen werden. Wenn der letzte Spieler der Reihe einen Händedruck verspürt, kann er schnell nach dem Kultgegenstand greifen. Wer ihn zuerst hat, bekommt für seine Mannschaft einen Punkt.

Wird jedoch versehentlich bei Zahl die Botschaft weiter geleitet, bekommt die gegnerische Mannschaft einen Punkt. Sieger dieses Rituals ist die Mannschaft, die eine vereinbarte Punktzahl zuerst erreicht.

VARIATION:
Händedrücken: Die Spieler werden in zwei Mannschaften aufgeteilt. Sie setzen sich hintereinander in eine Reihe und geben sich die Hände. Alle schauen nach vorne, sodass sie nicht sehen, was für eine Zahl der Spielleiter würfelt. Nur die letzten beiden Spieler dürfen gucken. Sie müssen dann so oft die Hand ihres Nachbarn drücken, wie Augen auf dem Würfel zu sehen sind. Dieser drückt wiederum die Hand seines Nachbarn, und so wird die Botschaft weitergegeben. Wenn der letzte Spieler der Reihe den Händedruck verspürt hat, darf er nach dem dort liegenden Kultgegenstand greifen und die gewürfelte Augenzahl nennen.

Leerer Stuhl

SPIELERZAHL: 10 bis 40
SPIELDAUER: ab 2 Min.
MATERIAL: kein

SPIELIDEE UND GRUNDREGELN:
Alle Spieler sitzen im Stuhlkreis und nennen reihum ihren Namen. Anschließend wird ein weiterer leerer Stuhl in den Kreis gestellt. Wer rechts von diesem leeren Stuhl sitzt, schlägt mit der Hand auf den Stuhl und nennt den Namen eines Mitspielers. Dieser muss sich so schnell wie möglich auf den leeren Stuhl setzen. Hierdurch wird ein anderer Stuhl leer. Wieder schlägt der Spieler, der rechts von diesem Stuhl sitzt, darauf und nennt den Namen eines Mitspielers, der sich schnell setzen muss.

HINWEISE ZUR ORGANISATION, METHODIK UND SICHERHEIT:
Je schneller das Spiel gespielt wird, desto mehr Freude macht es, siehe hierzu auch die Variationen.

VARIATIONEN:
- Es wird mit 2 oder 3 leeren Stühlen gleichzeitig gespielt.
- So viele Stühle wie Spieler: Ein Spieler stellt sich in die Kreismitte. Dadurch gibt es einen leeren Stuhl. Der rechte Nachbar schlägt auf diesen Stuhl und nennt einen Namen. Dieser genannte Spieler versucht, sich eher auf diesen leeren Stuhl zu setzten als der Spieler in der Mitte. Gelingt es ihm, geht das Spiel weiter, gelingt es ihm nicht, wird er der neue Mittelspieler (siehe zu dieser Variation auch „Mein rechter, rechter Platz ist frei – extreme“).

Das Moor/Schokoladenfluss

SPIELERZAHL: ab 10 bis ca. 40

SPIELDAUER: ca. 10 bis 15 Min.

MATERIAL: für jeden Spieler einen Pappteller, eine Teppichfliese oder Ähnliches

SPIELIDEE UND GRUNDREGELN:

Der Klassenraum ist ein Moor. Die Spieler müssen nun versuchen, gemeinsam das Moor zu überqueren, ohne auf den Boden zu treten. Damit dies gelingen kann, bekommt jeder Spieler einen Pappteller, eine Teppichfliese oder Ähnliches (ggf. erhält die Gruppe auch 2 Materialien weniger als Spieler mitmachen). Es ist nur erlaubt, auf die Pappteller zu treten. Allerdings muss jeder Teller auch immer Kontakt mit einem Körperteil haben. Liegt ein Teller herum, ohne von einem Spieler berührt zu werden, versinkt dieser im Moor und wird vom Spielleiter aus dem Spiel genommen. Berührt ein Spieler den Boden, wird er zum Anfang zurückgeschickt.

VARIATION:

Zwei oder mehr Mannschaften spielen gegeneinander. Es gewinnt die Mannschaft, die als erste komplett die andere Seite erreicht.

Kreispolonäse

SPIELERZAHL: ab 15

SPIELDAUER: ab 3 Min.

MATERIAL: kein

SPIELIDEE UND GRUNDREGELN:

Es werden ein oder mehrere Kreise gebildet. Alle Spieler stellen sich so auf, dass ihre linke Schulter zur Kreismitte zeigt und sie ihre Hände auf die Schultern ihres Vordermanns legen können. Anschließend gehen alle Spieler langsam in die Hocke und setzten sich auf die Oberschenkel ihres Hintermanns. Welcher Kreis schafft es, sich einmal im Kreis zu drehen, sodass jeder Spieler wieder seine Ausgangsposition erreicht?

VARIATIONEN:

- Kreishüpfen: Jeder Spieler legt die linke Hand auf die Schulter seines Vordermanns und fasst mit der rechten dessen rechten Fuß. Gelingt es der Gruppe, zu einem bestimmten Ort zu hüpfen, ohne dass sie auseinander bricht?
- Es können auch mehrere Mannschaften gegeneinander antreten.

Spiele zur Gruppeneinteilung

Oft werden in der Klasse Gruppen oder Mannschaften benötigt, zum Beispiel um eine Arbeit in verschiedenen Gruppen zu beginnen oder weil arbeitsteilig gearbeitet werden soll. Dabei teilen meist die Lehrer die Schüler ein oder die Schüler sitzen schon in ihren Gruppen. Eine Möglichkeit, diese Routinen aufzubrechen und Abwechslung in den Klassenraum zu bringen, bilden Spiele zur Gruppeneinteilung.

Geeignet hierzu sind Spiele, bei denen im Spielverlauf immer wieder neue Gruppen entstehen. Die Spielleiterin kann das Spiel beenden, wenn eine für die mögliche Weiterarbeit gelungene Konstellation entstanden ist und spart somit Zeit. In anderen Spielen werden Gruppen über Karten oder Arbeitshinweise gebildet. Diese können entsprechend der nachfolgenden Arbeit gestaltet sein, sodass die Gruppeneinteilung genau passend ist.

MCDONALD'S/FASTFOOD

SPIELERZAHL: 10 bis 40
SPIELDAUER: ab 5 Min.
MATERIAL: kein

SPIELIDEE UND GRUNDREGELN:

Die Spieler laufen (ggf. zur Musik) durcheinander. Verschiedene Signale aus dem Bereich Fastfood, die der Spielleiter ruft, sollen möglichst schnell umgesetzt werden und führen zu lustigen Gemeinschafts- und Körpererfahrungen:

- Hamburger = 2 Spieler legen sich übereinander;
- Big Mac = 3 Spieler legen sich übereinander,
- Doppel Wopper: 4 Spieler legen sich übereinander,
- Pommes = 6 (ggf. auch 8) Spieler legen sich kreuz und quer durcheinander oder sie finden sich als Gruppe zusammen, fassen sich an den Händen und strecken diese als Pommes-Tüte in die Höhe,
- Chicken McNuggets = 6 Spieler hocken sich auf den Boden und schlagen mit den Ellbogen wie mit Flügeln
- Milchshake = ein Spieler stellt ein Glas dar (Arme vor der Brust zum Kreis geformt) und ein weiterer Spieler spielt den Strohhalm (dreht sich im Kreis).

Weitere oder andere Ideen der Spieler können aufgegriffen werden.

VARIATION:

Die Gruppe, die als erstes ein Signal umsetzt, darf das nächste Signal bestimmen (z. B. dem Spielleiter ins Ohr flüstern oder selbst rufen).

Gefühlsmemory

SPIELERZAHL: 10 bis 40

SPIELDAUER: ab 2 Min.

MATERIAL: für jeden Spieler eine Karte, auf der ein Gefühl steht, eventuell Musik

SPIELIDEE UND GRUNDREGELN:

Die Spielleiterin bereitet Karten vor, auf denen er Gefühle notiert, wie zum Beispiel traurig, fröhlich, wütend, müde, beleidigt oder verliebt. Anschließend zieht jeder Spieler eine Karte und drückt dieses Gefühl durch Bewegungen aus. Alle Spieler beobachten sich gegenseitig und versuchen herauszufinden, welche Spieler das gleiche Gefühl haben wie sie. Diese Spieler finden sich dann zu einer Gruppe zusammen und überprüfen ihre Karten. Anschließend können neue Karten gezogen werden.

VARIATIONEN:

- Tiermemory: Die Spieler imitieren Tiergeräusche und/oder Tierbewegungen und finden sich in Gruppen.
- Berufememory: Die Spieler ahmen typische Bewegungen verschiedener Berufe nach und finden sich in Gruppen zusammen.
- Fahrzeugmemory: Die Spieler sind Fahrzeuge (Trecker, Bagger, Motorrad, Roller, Fahrrad usw.) und machen typische Geräusche und/oder Bewegungen nach und finden sich in Gruppen zusammen.

Atomspiel

SPIELERZAHL: 10 bis 40

SPIELDAUER: ab 5 Min.

MATERIAL: kein

SPIELIDEE UND GRUNDREGELN:

Die Spieler bewegen sich frei im Raum zur Musik. Bei Musikstopp stellt der Spielleiter den Spielern Aufgaben. Diese sollen schnellstmöglich erfüllt werden. Aufgaben können z. B. folgendermaßen lauten:

- „Findet euch zu dritt zusammen und legt euch aufeinander!"
- „Findet euch zu fünft zusammen und bildet einen Kreis!"
- „Alle mit der gleichen Haarfarbe gehen zusammen und überlegen sich ein gemeinsames Hobby!"
- „Findet euch paarweise zusammen, fasst euch an den Händen und stellt euch auf ein Bein!"
- Die Aufgaben können nach eigenem Belieben variiert werden und dem kognitiven sowie den körperlichen Leistungen der Spieler angepasst werden. Auch können die Spieler kreativ tätig werden, indem der Spielleiter u. a. folgende Aufgaben stellt:
- „Alle mit der gleichen T-Shirt-Farbe gehen zusammen und bauen ein Haus!"
- „Findet euch zu viert zusammen und positioniert euch so, dass drei Beine und zwei Hände den Boden berühren!" (oder 4 Hände und 2 Beine usw.).

VARIATIONEN:

- Es können auch Zahlen auf dem Boden dargestellt werden.
- Pantomimisch werden verschiedene Begriffe dargestellt.

Klumpen

SPIELERZAHL: 10 bis 40

SPIELDAUER: ab 3 Min.

MATERIAL: kein

SPIELIDEE UND GRUNDREGELN:

Alle Spieler bewegen sich im Raum, gegebenenfalls zur Musik. Die Spielleiterin nennt mögliche Gemeinsamkeiten, z. B. Schuhgröße, Geburtsmonat, Geschwisterzahl, Augenfarbe, Sockenfarbe usw. Nun müssen sich Gruppen zu diesen Vorgaben bilden. Kurze Aufgaben für die jeweiligen Gruppen können folgen, wie beispielsweise „Findet eine weitere Gemeinsamkeit!" oder „Ordnet euch nach den Geburtstagen!"

FAMILIE LEHMANN

SPIELERZAHL: 10 bis 40

SPIELDAUER: ab 5 Min.

MATERIAL: für jeden Spieler eine Familienkarte

SPIELIDEE UND GRUNDREGELN:

Entsprechend der Spielerzahl werden Karten mit Familiennamen und Verwandtschaftsverhältnissen verteilt. Jede Familie hat 4 Mitglieder, z. B. Vater Lehmann, Mutter Lehmann, Tochter Lehmann, Sohn Lehmann; Vater Müller, Mutter Müller usw. Alle Karten werden gemischt und an die Spieler verteilt. Alle Spieler bewegen sich kreuz und quer im Raum und tauschen dabei ihre Karten immer wieder mit anderen Spielern aus. Gibt der Spielleiter durch Gong oder Pfeife ein Zeichen, müssen sich alle Angehörigen einer Familie auf einem Stuhl zusammen finden. Unten sitzt Vater Lehmann, auf seinem Schoß Mutter Lehmann, dann der Sohn und oben Tochter Lehmann. Die Familie, die zuerst sitzt, bekommt einen Punkt.

VARIATIONEN:

- Jede Familie besteht aus 6 Personen: Oma und Opa kommen dazu. Auch können noch Hund und Katze hinzukommen.
- Die Familien tragen Tiernamen und dürfen sich nur in ihrer jeweiligen Tiersprache verständigen.

Familie Meier/Tierfamilien

SPIELERZAHL: 10 bis 40

SPIELDAUER: ab 5 Min.

MATERIAL: für jeden Spieler eine Familienkarte

SPIELIDEE UND GRUNDREGELN:

Die Spieler werden wie bei Familie Lehmann mittels Spielkarten in Familien eingeteilt, müssen sich finden und in einer vorgegebenen Weise setzen oder stellen. Im zweiten Abschnitt kann ein einfaches Staffelspiel anschließen. Damit sich alle bei dem Staffelspiel angesprochen fühlen, können die Familien Meier, Maier, Meyer, Mayer und Mayr heißen. Die Spielleiterin erzählt eine Geschichte, bei der die einzelnen Mitglieder der Familien genannt werden und vorgegebene Aufgaben (z. B. eine Runde um die Bänke/Stühle laufen) möglichst schnell bewältigen müssen.
Beispiel: „Familie Meier fährt heut in den Zoo (Alle laufen eine Runde). Vater Meier schmiert die Brote (Nur die Väter laufen). Mutter Meier holt das Auto (Nur die Mütter laufen). Die Kinder packen die Rucksäcke (Nur die Kinder laufen). Alle wundern sich (Alle laufen): Wo ist Opa Meier? (Nur die Opas laufen).

HINWEISE ZUR ORGANISATION, METHODIK UND SICHERHEIT:

Die Karten sollten altersgemäß angelegt sein. Tierfamilien können u. a. sein: Elefanten, Löwen, Affen, Krokodile, Schlangen – aber auch Gorillas, Orang-Utans, Schimpansen, Makaken. Die Spieler müssen sich pantomimisch oder nur durch Rufen finden.

VARIATIONEN:

- Die Spieler setzen sich in einer vorgegebenen Reihenfolge auf Bänke/Stühle oder stellen sich hinter Hütchen. Die Familie, die als erstes sitzt, hat die erste Runde gewonnen.
- Man kann auch Geschichten aus Kinderbüchern vortragen, z. B. Kinder aus Bullerbü.

Spiele zur Wahrnehmungsschulung werden von Kindern und Jugendlichen, aber auch von Erwachsenen, als besonders interessant empfunden. Meist wird ein dominanter Wahrnehmungsbereich eingeschränkt, sodass die Spielenden sich auf andere, eher ungewohnte, Wahrnehmungsbereiche verlassen müssen, um erfolgreich am Spiel teilzuhaben.

Dies erfordert eine hohe Konzentration. Wenn die Spielenden beispielsweise nichts sehen können, müssen sie sich bei „Heulbojen“ auf ihren Hörsinn und beim „Elektrischen Zaun“ auf ihre taktile Wahrnehmung konzentrieren. Der Sehsinn dominiert im Alltag viele Handlungen, deshalb werden viele Wahrnehmungsspiele mit geschlossenen Augen gespielt. Je nach Spielvariante gelingen so ruhige oder auch lustige Spiele. Interessant und motivierend sind sie für die Spielenden fast immer.

Für die Spielleiter ist es wichtig, bei Spielen zur Wahrnehmung auf die besonderen Bedürfnisse oder Eigenheiten der Spielenden zu achten. Nicht jedes Kind mag es, mit geschlossen Augen durch den Raum geführt zu werden. Zwang sollte deshalb nicht ausgeübt werden, da sich gerade jüngere Kinder erst langsam an die veränderten Wahrnehmungsbedingungen gewöhnen müssen. Oft reicht es schon, die Spielanweisung entsprechend offen zu gestalten, wie: „Versucht, als ‚Schiffe in der Nacht‘ die Augen zu schließen!“ So kann jeder Spielende nach seinem eigenen Vermögen und Empfinden erfolgreich am Spiel teilhaben. Und wenn die Spielenden mal blinzeln, ist es meistens nicht spielstörend.

Insel

SPIELERZAHL: ab ca. 10
SPIELDAUER: ab 5 Min.
MATERIAL: eine Decke oder Ähnliches

SPIELIDEE UND GRUNDREGELN:

Die Spieler gehen paarweise zusammen und beobachten sich aufmerksam. Anschließend wird einer blind und einer bleibt sehend. Die Sehenden befinden sich auf einer großen Decke, der Insel. Die blinden Spieler werden im Raum verteilt. Die Aufgabe der blinden Spieler ist es, zunächst die Insel zu finden und dann den jeweiligen Partner. Allerdings darf kein Wort gesprochen werden, die blinden Spieler müssen ihren Partner in der Menge ertasten.

Stille chinesische Mauer/ elektrischer Zaun

SPIELERZAHL: nahezu unbegrenzt

SPIELDAUER: ab 5 Min.

MATERIAL: kein

SPIELIDEE UND GRUNDREGELN:

Die Gruppe wird in zwei Teams aufgeteilt. Eine Mannschaft bildet die chinesische Mauer (Fänger). Dazu stellen sich die Spieler nebeneinander mit geschlossenen Augen auf eine Linie. Die Spieler der anderen Mannschaft versuchen, durch die Lücken in der Mauer auf die andere Seite zu schleichen, ohne von den Fängern in der Mauer, die sich nicht bewegen dürfen, berührt zu werden. Spieler, die von den Fängern berührt werden, müssen wieder zurück zur Startlinie laufen und können erneut versuchen, durch die Mauer zu kommen.

VARIATIONEN:

- Spieler, die gefangen werden, werden auch Teil der Mauer.
- Eine Lücke, die von einem Spieler erfolgreich genutzt wurde, ist danach gesperrt.
- „Elektrischer Zaun“: Kinder mögen auch die Variante „Elektrischer Zaun“. Das Spiel wird sehr ähnlich gespielt. Die Fänger bilden jetzt einen elektrischen Zaun. Spieler, die den Zaun berühren, erhalten einen „Stromschlag“. Hierbei fangen zunächst der berührte Zaunspieler und dann der ganze Zaun an zu vibrieren.

Nebelhorn

SPIELERZAHL: nahezu unbegrenzt

SPIELDAUER: ab 5 Min., Variation länger

MATERIAL: kein

SPIELIDEE UND GRUNDREGELN:

Alle Spieler gehen mit geschlossenen Augen durch den Raum. Jeder Spieler gibt dabei die Laute eines Nebelhorns von sich, sodass Zusammenstöße vermieden werden.

VARIATION:

Alle Spieler bis auf einen stellen sich gegenüber so auf, dass ein kurvenreicher Weg entsteht, den der übrig gebliebene Mitspieler mit verbunden Augen finden muss, ohne einen Spieler zu berühren. Um ihm zu helfen, geben die Spieler auf der rechten Seite das Signal „bibibibibi“ von sich und die auf der linken Seite „bubububu“.

Heulbojen in der Nacht/ Zauberwald

SPIELERZAHL: nahezu unbegrenzt

SPIELDAUER: ab 5 Min.

MATERIAL: kein, ggf. Augenbinden

SPIELIDEE UND GRUNDREGELN:

Ein Teil der Gruppe, entweder die Hälfte oder ein Drittel, sind Heulbojen, die sich auf der Spielfläche verteilen. Die anderen Spieler stehen auf einer Seite. Sie sind Schiffe, die über das Meer fahren wollen, als plötzlich die Dunkelheit herein bricht. Die Schiffe schließen die Augen. Die Heulbojen dürfen jetzt noch einmal ihren Platz verändern, dann fahren die Boote langsam los. Immer wenn sie in die Nähe einer Boje kommen, macht diese ein Geräusch, pfeift, heult oder hupt. Die Schiffe versuchen, ohne eine Heulboje zu berühren, das Meer zu überqueren.
Danach werden die Rollen gewechselt.

HINWEISE ZUR ORGANISATION, METHODIK UND SICHERHEIT:
Die Spielleiterin achtet auf die Schiffe, sodass diese nicht gegen eine Wand stoßen.

VARIATION:
Statt Heulbojen im Meer kann die Rahmenhandlung des Spiels auch in einem Zauberwald stattfinden, in dem knorrige, alte Bäume stehen, die ganz leise wispern, rascheln oder knarren. Diese Spielvariante ist bei entsprechender Anleitung meist viel leiser als Heulbojen in der Nacht.

Plätze tauschen

SPIELERZAHL: ca. 10 bis 30

SPIELDAUER: ab 3 Min.

MATERIAL: eine Augenbinde für jeden Fänger

SPIELIDEE UND GRUNDREGELN:

Alle Spieler sitzen im Kreis, zwei oder mehr Fänger stehen mit verbundenen Augen in der Mitte des Kreises. Jeder von ihnen ruft die Namen von zwei Spielern auf, die ihre Plätze tauschen müssen, ohne dabei von einem Fänger berührt zu werden. Wird ein Spieler beim Platztausch berührt, wechselt er mit dem Fänger die Rolle.

KLAPPERSCHLANGE

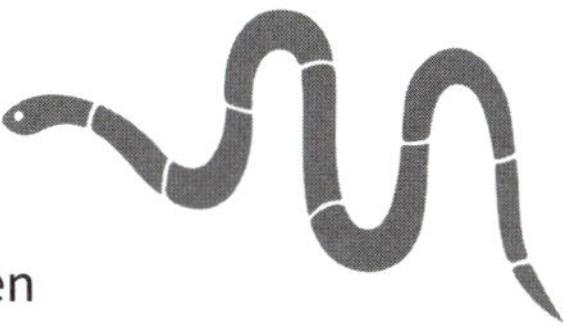

SPIELERZAHL: 2 bis 10 zur gleichen Zeit

SPIELDAUER: ca. 5 Min.

MATERIAL: Augenbinden, 2 Rasseln, 2 Tamburine, 2 Blechdosen oder ähnliche Materialien

SPIELIDEE UND GRUNDREGELN:

Zwei Spielern werden die Augen verbunden und sie bekommen entweder eine Rassel oder ein Tamburin in die Hand oder leere Blechdosen an ein Bein gebunden. Beide Spieler starten in gegenüber liegenden Ecken und werden vorher einmal oder mehrmals um sich selbst gedreht. Ihr Ziel ist es, aufgrund der Geräusche, die sie machen, zueinanderzufinden. Gelingt es ihnen, werden zwei neue Spieler ausgewählt.

VARIATIONEN:

- Die übrigen Spieler dürfen laut sein, um den „Blinden" das Hören zu erschweren.
- 4 Spieler starten aus allen 4 Ecken.
- 3 bis 5 Paare starten mit jeweils gleichen Materialien von verschiedenen Stellen.

HÄNSCHEN PIEP EINMAL!

SPIELERZAHL: ca. 10 bis 25

SPIELDAUER: ab ca. 5 Min.

MATERIAL: Augenbinde

SPIELIDEE UND GRUNDREGELN:

Alle Spieler sitzen im Kreis. Einem Spieler in der Mitte werden die Augen verbunden. Er setzt sich auf den Schoß eines Spielers und ruft „Hänschen piep einmal!". Nachdem dieser mit verstellter Stimme gepiept hat, muss der Spieler mit den verbundenen Augen erraten, auf wessen Schoß er sitzt. Wichtig: Der Spieler darf nicht angefasst werden.

VARIATION:

Der Spieler darf nur ertastet werden und nichts sagen. Alle Spieler bilden einen Kreis und fassen sich an den Händen. Ein Spieler steht mit verbundenen Augen in der Kreismitte. Der Kreis dreht sich und bleibt plötzlich stehen. Der Spieler mit den verbundenen Augen geht zu einem Mitspieler und versucht, durch Tasten zu erraten, wer es ist. Gelingt dies, werden die Rollen getauscht.

Killer

SPIELERZAHL: ab ca. 10

SPIELDAUER: ab 5 Min.

MATERIAL: kein

SPIELIDEE UND GRUNDREGELN:

Der Spielleiter bestimmt heimlich einen „Killer“. Auf ein Startsignal gehen alle Spieler im Raum umher. Der Killer „tötet“ seine Mitspieler, indem er ihnen dreimal zublinzelt. Die Opfer gehen dann kurz für ca. 3 Sekunden weiter und fallen dann um. Hat einer der übrig gebliebenen Spieler einen Verdacht, muss er in die Mitte des Raum laufen und laut sagen „Ich habe einen Verdacht!“. Kommt ihm kein anderer Spieler zu Hilfe, der auch sagt „Ich habe einen Verdacht!“, geht das Spiel weiter. Erst wenn zwei Spieler einen Verdacht äußern, unterbricht der Spielleiter das Spiel und beide Ankläger zeigen auf ihren Verdächtigen, ohne seinen Namen zu nennen. Zeigen beide auf einen falschen, müssen sie sich auch auf den Boden legen, ebenso wenn nur einer auf den Richtigen zeigt. Nur wenn beide Spieler auf den „Killer“ zeigen, ist das Spiel beendet.

HINWEISE ZUR ORGANISATION, METHODIK UND SICHERHEIT:

Mit jüngeren Spielern kann das Spiel vereinfacht werden, indem nur ein Kind sagen muss „Ich habe einen Verdacht!“

VARIATION:

„Getötete“ Spieler schreien beim Umfallen laut auf.

Blindekuh mit festem Platz

SPIELERZAHL: ca. 10 bis 40

SPIELDAUER: ab 5 Min.

MATERIAL: mindestens eine Augenbinde, Kreide oder Kreppband

SPIELIDEE UND GRUNDREGELN:

Jeder Spieler sucht sich einen Platz im Klassenraum und malt mit Kreide einen Kreis um seinen rechten Fuß. Alternativ zur Kreide kann auch kurzer Streifen Kreppband aufgeklebt werden. Einem oder mehreren Spielern werden die Augen verbunden. Sie müssen versuchen, in einer Minute möglichst viele Spieler anzutippen. Die anderen Spieler dürfen beliebig ausweichen, allerdings muss der rechte Fuß immer im Kreis bleiben. Wer tippt die meisten Spieler an?

Nebel des Grauens

SPIELERZAHL: ab ca. 20

SPIELDAUER: ab 3 Min.

MATERIAL: kein

SPIELIDEE UND GRUNDREGELN:

Jeder Spieler bekommt einen Partner und prägt sich dessen Stimme ein. Jeweils ein Partner stellt sich anschließend mit dem Gesicht zur Mitte in einem Kreis auf. Etwa 10 Meter dahinter stehen die Partner in einem Außenkreis. Nun schließen alle Innenspieler die Augen, der Nebel des Grauens senkt sich über sie. Die Außenspieler bewegen sich im Kreis um die Innenspieler herum und bleiben auf ein Signal des Spielleiters stehen. Nun versuchen sie, ihren jeweiligen Partner mit Hilfe ihrer Stimme zu sich zu holen, ohne ihren Platz zu verlassen. Anschließend werden die Rollen getauscht.

Händeraten

SPIELERZAHL: in mehreren Gruppen zu je 4 oder 5 Spielern, unbegrenzt

SPIELDAUER: ab ca. 5 bis 10 Min.

MATERIAL: kein, ggf. eine Augenbinde je Gruppe

SPIELIDEE UND GRUNDREGELN:

Die Spieler gehen zu 4er- oder 5er-Gruppen zusammen. Ein Spieler schließt die Augen. Die anderen stehen in einer Reihe und strecken die Hände vor. Nun muss der Spieler die Hände erfühlen und raten, wem die Hände gehören.

HINWEISE ZUR ORGANISATION, METHODIK UND SICHERHEIT:

Die sehenden Spieler sollten ihre Position noch einmal verändern, sobald der ratende Spieler seine Augen geschlossen hat. Das Erkennen der Hände ist schwieriger, wenn diese nicht paarweise, sondern durcheinander vorgestreckt werden.

SPION

SPIELERZAHL: ca. 8 bis 40

SPIELDAUER: ab 5 Min.

MATERIAL: ggf. eine Augenbinde für jeden Spieler

SPIELIDEE UND GRUNDREGELN:

Ein Spieler oder auch ein Paar, das sich an den Händen hält, wird zum Spion ernannt. Nur der Spion kann sehen, alle anderen Spieler (die Agenten) sind blind und halten die Augen geschlossen.

Zunächst verteilen sich alle Spieler im Raum und schließen die Augen. Der Spion wird jetzt leise vom Spielleiter ausgewählt. Wenn der Boden quietschen sollte, bietet es sich an, dass der Spion schon zuvor ausgewählt wurde und er sich leise seinen Platz sucht, während die Spieler die Augen zu haben und der Spielleiter laut redet.

Nun beginnt die Jagd nach dem Spion: Der Spielleiter sagt laut: „Der Spion darf 4 Schritte gehen!" Der Spion geht daraufhin 4 Schritte. Der Spielleiter wieder: „Die Agenten dürfen 3 Schritte gehen!" Alle Spieler – bis auf den Spion – gehen 3 Schritte. Nun ist wieder der Spion an der Reihe und der Spielleiter überlegt, wie viele Schritte er gehen darf. In diesem Wechsel entsteht eine Jagd, bei der es für den Spion meist immer enger wird, weil die Agenten ihn hören können. Wenn der Spion von einem Agenten berührt wird, ist dieser gefangen.

HINWEISE ZUR ORGANISATION, METHODIK UND SICHERHEIT:

Wenn die Spieler zu zielstrebig auf den Spion zugehen, blinzeln sie meist und sollten freundlich auf die Spielregeln hingewiesen werden.

VARIATIONEN:

- Der neue Spion kann derjenige Agent sein, der den Spion gefangen hat. Besser ist es jedoch, wenn hier auch andere Varianten gespielt werden: Jungen und Mädchen abwechselnd, durch den Spion oder durch den Spielleiter bestimmt usw.
- Der Spion kann auch ein Ziel haben: Zum Beispiel versucht er, von einer Raumseite zur anderen zu gelangen, und die Agenten versuchen, dies zu verhindern.

MR. X

SPIELERZAHL: ca. 8 bis 40

SPIELDAUER: ab 5 Min.

MATERIAL: ggf. eine Augenbinde für jeden Spieler, 1 Glöckchen

SPIELIDEE UND GRUNDREGELN:

Alle Spieler gehen mit verbundenen Augen durch den Raum als Detektive im Londoner Nebel. Ihr Ziel ist es, Mr. X, der als einziger sieht, zu fangen. Alle 30 Sekunden muss Mr. X mit einem Glöckchen bimmeln, um auf seinen momentanen Aufenthaltsort aufmerksam zu machen. Wem es gelingt, Mr. X zu berühren, wechselt mit ihm die Rolle.

HINWEISE ZUR ORGANISATION, METHODIK UND SICHERHEIT:

Manche, insbesondere jüngere Kinder, haben Angst, mit verbundenen Augen zu spielen. Je nach Gruppe können die Schüler auch nur die Augen schließen und versuchen, diese geschlossen zu halten.

VARIATION:

siehe Spion

MURMELN FINDEN

SPIELERZAHL: ca. 10 bis 30

SPIELDAUER: ab 5 Min.

MATERIAL: 2 oder mehr Augenbinden, 1 oder mehrere Murmeln, für jeden Spieler einen Plastikbecher

SPIELIDEE UND GRUNDREGELN:

Alle Spieler haben einen Plastikbecher und sitzen im Kreis. Zwei oder mehr Spieler sitzen mit verbundenen Augen in der Kreismitte. In einem oder mehreren Plastikbechern befindet sich eine Murmel. Diese wird von Becher zu Becher weiter gegeben. Ruft die Spielleiterin „Stopp!“, dürfen die Spieler im Kreis ihre Augenbinde abnehmen und zeigen auf einen Becher, in dem sie die Murmel vermuten. Wer richtig rät, wechselt mit dem Außenspieler den Platz und die nächste Raterunde beginnt. Rät kein Spieler richtig, werden die Augenbinden wieder aufgesetzt und die Reise der Murmeln beginnt erneut.

Tasträtsel

SPIELERZAHL: ca. 10 bis 30

SPIELDAUER: ab ca. 5 Min.

MATERIAL: einen beliebigen Gegenstand für jeden Spieler

SPIELIDEE UND GRUNDREGELN:

Jeder Spieler versteckt einen Gegenstand in der Hand. Im Sitzen werden die Gegenstände hinter dem Rücken im Kreis von Hand zu Hand weitergereicht. Wenn jeder Spieler seinen Gegenstand wieder in der Hand hält, versuchen die Spieler, aus dem Gedächtnis die ertasteten Gegenständen zu nennen. Die jeweiligen Besitzer müssen die erratenen Geständе vor sich in den Kreis legen.

Postkartenspiel

SPIELERZAHL: 5 bis 30

SPIELDAUER: ab ca. 5 Min.

MATERIAL: viele alte Postkarten oder Fotos, ggf. Tesafilm

SPIELIDEE UND GRUNDREGELN:

Jeder spielt gegen jeden. Die Spielleiterin halbiert mit einer Schere einen Stapel Postkarten oder Fotos, sodass eine linke und eine rechte Hälfte entsteht. Die „linken“ Hälften werden auf einem Tisch ausgebreitet, die rechten Hälften vorher von der Spielleiterin überall in der Klasse verteilt. Auf ein Startkommando nimmt jeder Spieler eine Hälfte vom Tisch und sucht die passende andere Hälfte. Der Spieler mit den meisten richtig zusammengesetzten Karten gewinnt.

VARIATION:

2 oder mehr Mannschaften spielen gegeneinander.

POLIZISTEN UND RÄUBER/ EULENJÄGER

SPIELERZAHL: ca. 10 bis 40

SPIELDAUER: ab ca. 5 Min.

MATERIAL: für jeden Spieler eine Plastikflasche und Augenbinde

SPIELIDEE UND GRUNDREGELN:

Alle Spieler sitzen mit geschlossenen oder verbundenen Augen im Kreis und müssen jeweils eine vor ihnen stehende Plastikflasche bewachen. Vier bis fünf Räuber schleichen im Kreis hin und her und versuchen, eine Flasche zu erbeuten. Gelingt es ihnen, wechseln sie mit dem Polizisten die Rolle. Werden sie aber vom Polizisten erwischt (mit der Hand berührt), müssen sie es bei einem anderen Polizisten erneut versuchen.

VARIATION:

Mehrere Spieler, die Eulen, sitzen mit verbundenen Augen in der Mitte des Kreises. An ihrer Kleidung befestigen sie mehrere Wäscheklammern, die Federn. Alle anderen Spieler, die Eulenjäger, versuchen, die Federn zu rupfen. Es darf pro Durchgang immer nur eine Feder gerupft werden. Wer von der Eule beim Raub berührt wird, muss seine Klammer wieder abgeben. Welcher Jäger erbeutet die meisten Klammern? Welche Eule behält die meisten Klammern?

WO IST DER RING?

SPIELERZAHL: ca. 10 bis 40

SPIELDAUER: ab ca. 3 Min.

MATERIAL: 1 oder mehrere Ringe/Schlüsselringe

SPIELIDEE UND GRUNDREGELN:

Alle Spieler, bis auf einen, sitzen im Kreis und halten eine Schnur in den Händen, deren Enden zusammen geknotet sind. Vor dem Verknoten wurde ein Ring oder Schlüsselring über die Schnur gezogen. Dieser Ring wird nun möglichst schnell und unauffällig von einer zur anderen Hand weiter geschoben. Ein Spieler befindet sich in der Mitte des Kreises und versucht herauszufinden, wo sich der Ring gerade befindet. Der Spieler, bei dem der Ring entdeckt wird, wird neuer Spieler im Kreis.

VARIATION:

Spiel mit mehreren Ringen und Spielern in der Mitte

TAKTILES TELEFON

SPIELERZAHL: ca. 10 bis 40
SPIELDAUER: ab ca. 5 Min.
MATERIAL: kein

SPIELIDEE UND GRUNDREGELN:

Es werden mehrere Reihen gebildet. Alle Spieler eine Reihe setzen sich hintereinander. Der letzte Spieler malt eine Zahl, einen Buchstaben oder ein Zeichen mit dem Finger auf den Rücken seines Vordermanns. Anschließend wird dieses Zeichen so lange weiter gegeben, bis es beim ersten Spieler der Reihe ankommt. Anschließend wird überprüft, ob das „Telefon" das richtige Zeichen übermittelt hat.

VARIATIONEN:

- Eine Rechnung schreiben und der erste Spieler muss das richtige Ergebnis nennen.
- Mehrere Buchstaben nacheinander auf die Reise schicken, sodass am Ende vorne ein Wort ankommen muss.

ANFLUG

SPIELERZAHL: ab ca. 15 bis nahezu unbegrenzt
SPIELDAUER: ab 5 Min.
MATERIAL: Augenbinde

SPIELIDEE UND GRUNDREGELN:

Alle Spieler, bis auf einen, bilden eine ungefähr drei Meter breite Gasse, die Schlucht. Einem Spieler werden die Augen verbunden. Er ist ein Flugzeug, das in einem von ihm gewählten Tempo durch die Schlucht fliegen muss. Seine Mitspieler summen, damit er sich orientieren kann. Läuft er gegen seine Mitspieler, schieben diese ihn vorsichtig wieder in die Schlucht zurück. Erst wenn er das letzte Paar in der Gasse erreicht hat, wird ihm die Augenbinde abgenommen. Jeder Spieler sollte einmal das Flugzeug sein.

VARIATION:

Die Gasse verläuft nicht geradlinig, sondern in einem Bogen oder auch in Kurven.

SCHUHSUCHE

SPIELERZAHL: ca. 10 bis 40

SPIELDAUER: ab ca. 10 Min.

MATERIAL: eine Augenbinde für jeden Spieler

SPIELIDEE UND GRUNDREGELN:

Alle Spieler sitzen im Stuhlkreis. In der Kreismitte liegt von jedem Spieler ein Schuh. Nun werden allen Spielern die Augen verbunden. Anschließend sollen sie ihren Schuh suchen und auf ihrem Stuhl wieder ablegen.

VARIATIONEN:

- Zwei oder mehr Mannschaften spielen gegeneinander. Welche Mannschaft hat ihre Schuhe zuerst gefunden und auf ihre Stühle gestellt?
- Beide Schuhe suchen.

HANDKONTAKT

SPIELERZAHL: partnerweise, unbegrenzt

SPIELDAUER: ca. 2 Min., mit Partnerwechsel auch länger

MATERIAL: kein

SPIELIDEE UND GRUNDREGELN:

Zwei Spieler stehen sich als Paar gegenüber und legen ihre Handflächen in Schulterhöhe gegeneinander. Nun schließen beide die Augen, lassen sich los, drehen sich einmal im Kreis herum und versuchen anschließend, mit weiter geschlossenen Augen ihre Handflächen wieder aufeinander zu legen.

Bei den nachfolgenden Geschicklichkeitsspielen steht eine angemessene, genaue, ungewohnte oder besondere Bewegungsausführung im Mittelpunkt der Spielhandlung. Solche koordinativ anspruchsvollen Bewegungen verlangen viel Konzentration und Geschick. Misserfolge sollten deshalb nicht bestraft oder sanktioniert werden, sondern Anregung sein, es noch einmal zu probieren oder den Spielenden Anlass zu geben, auch mal über sich selbst zu lächeln oder zu lachen.

Wichtig ist, dass die Spieler möglichst häufig die ungewohnte Bewegung probieren können, damit sich Erfolgserlebnisse einstellen können. Viele Spiele sollten folglich mehrfach gespielt werden oder Wiederholungen ermöglichen.

Grummeln

SPIELERZAHL: ca. 10 bis 30

SPIELDAUER: ab ca. 5 Min.

MATERIAL: 1 Münze

SPIELIDEE UND GRUNDREGELN:

Bei diesem Spiel geht es darum, eine Münze in den Händen der Gegenspieler zu finden. Zwei gleich große Mannschaften sitzen sich an den Längsseiten des Tisches gegenüber. Eine Mannschaft bekommt die Münze, die andere wählt einen Sprecher. Die Mannschaft mit der Münze hält nun alle Hände unter dem Tisch, gibt die Münze beliebig hin und her und murmelt dabei laufend „Grummelgrummelgrummel…“, bis der Sprecher der anderen Mannschaft „Stopp!“ ruft (frühestens nach 20 Sekunden).
Nun gibt der Sprecher eine von vier Stellungen bekannt, die nun sämtliche Hände der Grummelmannschaft einnehmen müssen und die mit einer Münze in der Hand nicht ganz leicht umzusetzen sind. Der Sprecher berät mit seiner Mannschaft, in welcher Hand sich die Münze vermutlich befindet, und tippt dann auf eine Hand. Er hat drei Versuche, bei mehr als acht Spielern entsprechend mehr. Findet er die Münze, so muss seine Mannschaft „grummeln“, ansonsten „grummelt“ die andere Mannschaft erneut.

Hier die drei Stellungen:
1. Flieger: Hände von oben flach auf den Tisch klatschen.
2. Indianer: Hände unter dem Tisch zur Faust ballen. Mit dem Handballen an der Tischkante aufsetzen und die Finger dann auf die Tischoberfläche ausstrecken.
3. Spinne: Mit allen zehn Fingerspitzen auf der Tischoberfläche aufsetzen, dabei den Handrücken möglichst hoch halten.

Meine vollautomatische Gliederpuppe

SPIELERZAHL: 10 bis 40
SPIELDAUER: ab 5 Min.
MATERIAL: kein

SPIELIDEE UND GRUNDREGELN:

Die Spieler sitzen oder stehen im Kreis. Eine Person beginnt mit dem Satz: „Meine vollautomatische Gliederpuppe macht immer …“ und macht eine Bewegung vor, z. B. Arm auf und nieder oder Kopf hin und her bewegen. Alle ahmen diese Bewegung nach. Im Uhrzeigersinn geht es weiter und eine zweite Bewegung kommt hinzu, die dritte Person fügt eine weitere Bewegung hinzu usw. Dabei werden alle Bewegungen beibehalten, wie bei dem Spiel „Ich packe meinen Koffer“. Kommt es zu „Koordinationsschwierigkeiten“, wird versucht, zunächst nur die vorhergegangene Bewegungen beizubehalten. Wenn auch dies zu schwierig wird, beginnt der nächste Spieler stets mit einer „neuen“ Gliederpuppe.

Gedränge

SPIELERZAHL: ab 15
SPIELDAUER: ca. 5 Min.
MATERIAL: kein

SPIELIDEE UND GRUNDREGELN:

Die Spieler laufen kreuz und quer durcheinander. Dabei dürfen sie sich nicht berühren! Nun teilt der Spielleiter die Raumfläche. Es verbleibt nur noch eine Hälfte, in der sich bewegt werden darf. Der Raum wird immer weiter verkleinert, sodass zum Schluss nur noch sehr wenig Raum zum berührungsfreien Bewegen zur Verfügung steht. Berühren sich Spieler, müssen sie auf der Stelle versteinern.

Dart

SPIELERZAHL: ca. 10 bis 40

SPIELDAUER: ab 10 Min.

MATERIAL: für jede Mannschaft eine Zielscheibe und eine Augenbinde

SPIELIDEE UND GRUNDREGELN:

Mehrere Mannschaften spielen gegeneinander. Jede Mannschaft erhält eine Zielscheibe, z.B. ein Blatt Papier, auf das zwei Kreise mit einem gemeinsamen Mittelpunkt gemalt werden, und eine Augenbinde. Die Zielscheiben werden entweder an der Wand etwa in Schulterhöhe der Spieler befestigt oder können auch an die Tafel gemalt werden. Der Startspieler jeder Mannschaft stellt sich ungefähr vier Meter entfernt von der Zielscheibe auf, visiert das Ziel mit ausgestrecktem Arm und Zeigefinder an und bekommt die Augen verbunden. Jetzt geht er möglichst langsam auf die Scheibe zu. Berührt er die Scheibe, bekommt er einen Punkt, für den äußeren Ring 2 Punkte, für den inneren Ring 3 Punkte und für den Mittelpunkt 5 Punkte. Anschließend übergibt er die Augenbinde dem nächsten Spieler seiner Mannschaft. Welche Mannschaft erzielt die meisten Punkte? Es sollten mehrere Durchgänge gespielt werden.

Becherball

SPIELERZAHL: beliebig

SPIELDAUER: ab 5 Min.

MATERIAL: für jeden Spieler einen 500ml-Joghurtbecher und einen Tennisball

SPIELIDEE UND GRUNDREGELN:

Jeder Spieler bekommt einen großen Joghurtbecher (500 ml) und einen Tennisball. Damit erfindet er Kunststücke. Mögliche Kunststücke sind:

- Den Ball mit der Hand hochwerfen und mit dem Becher auffangen (mit oder ohne Bodenkontakt, gegen die Wand, einmal vorher auf den Boden dotzen).
- Den Ball mit dem Becher hochwerfen und auffangen.
- Den Ball auf dem Becherboden jonglieren oder hochspielen.
- Paarweise den Ball zu spielen.

Korkentreiben

SPIELERZAHL: 4 bis 12 je Feld

SPIELDAUER: ab 5 Min.

MATERIAL: für jeden Spieler 1 Tennisball; 1 Korken je Spielfeld

SPIELIDEE UND GRUNDREGELN:

Vier Mannschaften spielen gegeneinander. Auf den Boden wird mit Kreide (oder auch Kreppband) ein Quadrat von etwa einem Meter Seitenlänge gemalt. In der Mitte dieses Quadrats liegt ein Korken. Jede Mannschaft verteilt sich hinter einer der vier Seitenlinien, so weit entfernt, wie der Platz es zulässt. Jeder Spieler bekommt einen Tennisball. Jede Mannschaft versucht nun, durch Rollen des Tennisballs den Korken über eine gegnerische Seitenlinie zu treiben. Gelingt dieses, erhält die Mannschaft, über deren Linie der Korken gerollt ist, einen Minuspunkt. Wer hat nach Ablauf der Zeit die wenigsten Minuspunkte?

VARIATIONEN:

- Mit zwei oder mehr Korken spielen.
- Ein Korken ist farbig und zählt doppelt.

Bierdeckelzielwerfen

SPIELERZAHL: ca. 8 bis 40

SPIELDAUER: ab 5 Min.

MATERIAL: Für jeden Spieler 1 Bierdeckel; 1 rot gefärbter Bierdeckel

SPIELIDEE UND GRUNDREGELN:

Vier oder mehr Mannschaften spielen gegeneinander und stellen sich im Quadrat ca. 6–8 m auseinander auf. In der Mitte des Quadrats liegt ein rot markierter Bierdeckel. Auf ein Zeichen des Spielleiters werfen alle Spieler ihren Bierdeckel möglichst genau auf den rot gefärbten. Wessen Deckel den roten Bierdeckel berührt, bekommt einen Punkt für seine Mannschaft. Welche Mannschaft erreicht als erste 5 oder auch 10 Punkte?

VARIATIONEN:

- In der Mitte des Kreises steht ein Papierkorb. Wer trifft, bekommt einen Punkt.
- Wie beim Boccia darf der Sieger nach jeder Runde den roten Bierdeckel als Schweinchen beliebig in den Raum werfen.

Schnürsenkel öffnen

SPIELERZAHL: ab 10 bis nahezu unbegrenzt

SPIELDAUER: 5 bis 15 Min.

MATERIAL: kein

SPIELIDEE UND GRUNDREGELN:

Alle Spieler bewegen sich im Raum. Ziel ist es, die Schnürsenkel der Mitspieler zu öffnen. Dabei kann zusammengearbeitet werden. Wer beide Schnürsenkel offen hat, setzt sich an den Rand. Knoten und Doppelschleifen sind nicht erlaubt. Wenn bereits eine größere Gruppe an Spielern draußen sitzt, so können diese auch eine zweite Spielrunde eröffnen, damit die Wartezeiten nicht zu lang werden.

HINWEISE ZUR ORGANISATION, METHODIK UND SICHERHEIT:

Treten ist nicht erlaubt. Die Variation ist meist einfacher zu spielen.

VARIATION:

Die Spielenden krabbeln auf allen Vieren.

Komm aus der Höhle

SPIELERZAHL: paarweise, unbegrenzt

SPIELDAUER: ab 3 Min.

MATERIAL: kein

SPIELIDEE UND GRUNDREGELN:

Ein Spieler legt sich auf den Bauch. Der Partner legt sich quer darüber und hält ihn so gefangen. Der liegende Spieler muss versuchen, sich zu befreien.

HINWEISE ZUR ORGANISATION, METHODIK UND SICHERHEIT:

Wie bei allen Raufspielen sollten die Partner häufig wechseln.

VARIATIONEN:

- Ein Spieler liegt auf dem Bauch und hat die Aufgabe, sich von der Bauch- in die Rückenlage zu bewegen, der Partner soll dies verhindern.
- Der Liegende versucht sich von der Rücken- in die Bauchlage zu drehen.

Schildkrötenjagd

SPIELERZAHL: ab 10 bis nahezu unbegrenzt

SPIELDAUER: ab 5 Min.

MATERIAL: kein

SPIELIDEE UND GRUNDREGELN:

Die Spieler sind Schildkröten und krabbeln auf allen Vieren in der Mitte des Klassenraums. Doch Achtung: Die Schildkrötenjäger kommen. Sie versuchen, die Schildkröten auf den Rücken zu drehen. Die Schildkröten können sich auf den Boden legen und versuchen, dies durch eine gute Mittelkörperspannung zu verhindern.

HINWEISE ZUR ORGANISATION, METHODIK UND SICHERHEIT:

- Sinnvoll ist es am Anfang mindestens 2 Schildkrötenjäger zu bestimmen.
- Kitzeln, Kratzen, Beißen oder andere Gemeinheiten sind selbstverständlich nicht erlaubt. Die Schildkrötenjäger dürfen zusammen arbeiten.
- Auch kann durch eine Rahmenhandlung in Form einer Geschichte in das Spiel eingeführt werden: „Auf der Insel Kikikakadu, mitten im indischen Ozean, ist heute was los ...“

Cent werfen

SPIELERZAHL: ab 3

SPIELDAUER: ab 5 Min.

MATERIAL: möglichst gleiche Münzen für alle Spieler

SPIELIDEE UND GRUNDREGELN:

Im Abstand von ca. 2 Metern von einer Wand wird eine Linie oder ein anderes Abwurfmal markiert. Die Spieler versuchen, einen Cent oder andere Münzen so an die Wand zu werfen, dass diese so nahe wie möglich an der Wand liegen bleibt.

VARIATIONEN:

- Der Spieler, dessen Münze am nächsten zur Wand liegt, darf alle Münzen einsammeln und hat den 1. Wurf. Der Spieler dessen Münze am zweitnächsten zur Wand liegt, hat den 2. Wurf.
- Beim Werfen sagt der jeweilige Spieler „Kopf“ oder „Zahl“. Alle Münzen, die so liegen, wie der Spieler angekündigt hat, sind sein Gewinn.

Denkmalspiel

SPIELERZAHL: ca. 10 bis 30
SPIELDAUER: ab 5 Min.
MATERIAL: kein

SPIELIDEE UND GRUNDREGELN:

Mehrere Mannschaften von 4–5 Spielern spielen gegeneinander. Jede Gruppe soll ein Denkmal errichten, wobei nur eine bestimmte Anzahl von Füßen und Händen den Boden berühren dürfen, zum Beispiel zwei Füße und sechs Hände. Alle Spieler einer Mannschaft müssen untereinander Körperkontakt halten. Welcher Mannschaft gelingt dies zuerst? Die Spielleiterin ändert die Vorgaben im nächsten Durchgang.

VARIATION:

Jede Gruppe erhält einen Punkt, die ihr Denkmal auf ein Kommando hin 10 Sekunden halten kann. Davor erhalten die Spielenden ca. 1–3 Min., um sich zu organisieren und das Denkmal zu erproben.

Reinigungstrupp

SPIELERZAHL: beliebig
SPIELDAUER: ab ca. 5 Min.
MATERIAL: für jeden Spieler 3 Zeitungsbögen

SPIELIDEE UND GRUNDREGELN:

Zwei oder mehr Mannschaften spielen barfuß gegeneinander. Jeder Spieler bekommt 3 oder mehr Zeitungsdoppelbögen, die er vor sich auf den Boden legt. Nach dem Startkommando soll jeder Spieler den Doppelbogen mit den Füßen zerreißen, beide Teile nacheinander mit den Zehen greifen und in den Papierkorb befördern. Welche Mannschaft hat als erste ihr Spielfeld auf diese Weise gereinigt?

TISCHKEGELN

SPIELERZAHL: je Tisch max. 6 Spielende

SPIELDAUER: ab 5 Min.

MATERIAL: pro Tisch eine Spielfigur und eine Murmel

SPIELIDEE UND GRUNDREGELN:

Am gegenüberliegenden Ende eines längeren Tisches steht eine Mensch-ärgere-dich-nicht-Spielfigur. Die Spieler versuchen abwechselnd, mit einer Murmel die Spielfigur vom Tisch zu kegeln. Wem gelingt dies zuerst?

VARIATION:

Jeweils 2 Spieler stehen sich am Spieltisch gegenüber und versuchen gegenseitig, die Spielfigur des anderen mit einer Murmel vom Tisch zu kegeln.

FLASCHENTANZ

SPIELERZAHL: beliebig

SPIELDAUER: ab 3 Min.

MATERIAL: für jeden Spieler eine leere Flasche, einen Bindfaden und einen Bleistift

SPIELIDEE UND GRUNDREGELN:

An einem Bindfaden wird ein Bleistift befestigt und den Spielern so um die Taille gebunden, dass er 20–40 cm über dem Boden hängt. Jeder Spieler bekommt eine leere Getränkeflasche ohne Deckel, die er auf den Boden stellt. Ziel ist es, ohne Zuhilfenahme der Hände den Bleistift in die Flasche zu befördern.

VARIATION:

Mehrere Mannschaften spielen gegeneinander. Der Sieger jedes Durchgangs bekommt einen Punkt.

BUCHJONGLAGE

SPIELERZAHL: ab 5

SPIELDAUER: ab 3 Min.

MATERIAL: für jeden Spieler mehrere ältere Bücher

SPIELIDEE UND GRUNDREGELN:

Alle Spieler versuchen, ein Buch auf dem Kopf zur gegenüberliegenden Seite zu transportieren. Wer dort ankommt, ohne dass das Buch herunter gefallen ist oder kurz mit den Händen berührt wurde, bekommt für den Rückweg ein zweites Buch. Alle anderen müssen es erneut mit einem Buch versuchen. Nach jedem erfolgreichen Versuch gibt es ein weiteres Buch. Wer ist am Ende der Jonglage-König?

HUTFANGEN

SPIELERZAHL: je Tisch max. 8 Spielende

SPIELDAUER: ab 5 Min.

MATERIAL: für jeden Spieler eine Baseballkappe, pro Tisch einen Tischtennisball

SPIELIDEE UND GRUNDREGELN:

Die Spieler sitzen um mehrere Tische verteilt. Jeder Spieler hat eine Baseballkappe auf dem Kopf. An jedem Tisch lässt ein Spieler einen Tischtennisball auf dem Tisch auftincken und ruft einen Namen. Der genannte Spieler muss den Ball mit seiner Kappe fangen, bevor er auf dem Tisch liegen bleibt oder vom Tisch herunterfällt.

Sport Stacking ist eine besondere Form des „Becherstapelns“, das sich sehr gut im Klassenraum und an den Tischen durchführen lässt. Becherstapeln unter Zeitdruck fördert die Hand- und Fingerkoordination. Speed Stacks – leichte, speziell geformte Plastikbecher– müssen dabei so schnell wie möglich zu Pyramiden gestapelt und wieder abgebaut werden.

Die Becher müssen immer abwechselnd mit der rechten und der linken Hand angefasst werden. Zwei Bewegungen nacheinander mit derselben Hand sind, bis auf wenige Ausnahmen, nicht erlaubt. Der Abbau muss in derselben Reihenfolge wie der Aufbau erfolgen: Sind alle Türme aufgebaut, muss der erste Turm zuerst wieder abgebaut werden. Jeder begangene Fehler, z. B. die Becher fallen ineinander oder um, muss sofort korrigiert werden. Ansonsten ist der Versuch ungültig. Wettkämpfe beginnen alle auf ein Kommando. In der Startposition liegen die Hände auf dem Tisch vor den Bechern. Wer den Durchgang beendet hat, hebt beide Hände in die Höhe.

Speed Stacks sind im Handel erhältlich. Für weniger ambitionierte oder nur gelegentliche Übungen im Klassenraum können aber auch einfache Becher, z. B. von Ikea, genutzt werden. Nachfolgend werden zunächst die Einzeldisziplinen des Sport-Stacking kurz dargestellt, um danach weitere interessante Spiele mit Speed Stacks vorzustellen.

3-3-3

SPIELERZAHL: beliebig
SPIELDAUER: ab 10 Min.
MATERIAL: Speed-Stacks oder Becher

SPIELIDEE UND GRUNDREGELN:

Drei Pyramiden mit je drei Bechern werden auf- und abgestapelt. Die Mini-Pyramiden baut man mit zwei Händen auf und ab. Mit der rechten Hand greift man den obersten Becher und stellt ihn rechts neben die zwei übrigen. Vom jetzigen Zweier-Stapel stellt man den oberen Becher mit der linken Hand mittig auf die beiden anderen. Beim Abbauen der Pyramide einfach den oberen Becher auf den rechten unteren Becher schieben und mit der linken Hand den linken Cup auf die beiden anderen stecken. Anfänger können das in 10 Sekunden schaffen.

3-6-3

SPIELERZAHL: beliebig

SPIELDAUER: ab 10 Min.

MATERIAL: Speed-Stacks oder Becher

SPIELIDEE UND GRUNDREGELN:

Drei Pyramiden, außen mit je drei Bechern und in der Mitte mit sechs Bechern, werden aufgebaut. Ausgangsposition für die Sechserpyramide sind sechs ineinander gesteckte Becher. Drei davon werden mit der rechten und zwei mit der linken Hand hochgehoben. Ein einzelner Becher bleibt somit stehen. Jetzt müssen jeweils die unteren Becher links und rechts neben den mittleren Becher gestellt werden. Dann werden die weiteren Becher jeweils mittig auf die unteren Becher fallengelassen. Die 6er-Pyramide baut man ab, indem man mit der rechten Hand den obersten Becher mit einem Rutsch auf den rechten mittleren und den rechten unteren übereinander steckt. Fast zeitgleich steckt man den mittleren linken Cup auf den Becher unten links. Jetzt noch den 2er-und 3er-Stapel auf den übrig gebliebenen Becher stecken. Die beiden Dreierpyramiden werden wie zuvor beschrieben auf- und abgebaut.

Doppelspiele

SPIELERZAHL: ab 2

SPIELDAUER: ab 5 Min.

MATERIAL: Speed-Stacks oder Becher

SPIELIDEE UND GRUNDREGELN:

Zwei Stacker stapeln gemeinsam, z. B. den Cycle oder die 3-6-3-Formation, dabei darf jeder nur jeweils eine Hand benutzen. Das heißt, die Person auf der linken Seite stackt mit ihrer linken Hand und die Person auf der rechten Seite mit der rechten Hand.

VARIATION:

Gekreuzt ausführen. Die Schülerin, welche mit der rechten Hand stapelt, steht links neben ihrer Partnerin. Zum Stapeln kreuzen sich die Hände.

Cycle

SPIELERZAHL: beliebig
SPIELDAUER: ab 10 Min.
MATERIAL: Speed-Stacks oder Becher

SPIELIDEE UND GRUNDREGELN:

Der Cycle beginnt mit der 3-6-3 Folge. Diese wird gestapelt und wieder abgebaut. Nun werden Sechser-Pyramiden aufgebaut. Sind beide Pyramiden wieder abgebaut, werden danach alle 12 Becher zu einem Stapel zusammengesteckt. Jetzt heben rechte und linke Hand je einen Becher ab und stellen sie rechts und links neben den Stapel. Dabei dreht die rechte Hand den Becher mit der Öffnung nach oben, der linke steht auf dem Kopf. Anschließend werden mit der rechten Hand 5 Becher und mit der linken die verbleibenden 4 Becher vom mittleren Stapel abgehoben. Mit rechts beginnend werden 4 Becher nebeneinander gestellt. Es wird eine 4-3-2-1 Pyramide gebaut. Die linke Hand setzt in der zweiten Ebene den ersten (von 3 Bechern) in die Mitte. Jetzt werden die einzelnen Becher wieder so aufgenommen, wie sie abgestellt wurden, beide einmal gedreht, auf die Matte getippt und nach oben genommen. Die rechte Hand schiebt nun die 4 äußeren Becher nach rechts unten zusammen. Die linke Hand schiebt die drei daneben stehen Becher auch nach rechts unten. Die linke Hand hält den oberen der noch 3 da stehenden Becher fest und schiebt damit 2 Becher nach links zu einem Dreierstapel. Ein Becher steht noch da. Die rechte Hand hebt den Fünferstapel auf den einzelnen Becher in der Mitte.

Becherakrobaten

SPIELERZAHL: beliebig
SPIELDAUER: ab 10 Min.
MATERIAL: Speed-Stacks oder Becher

SPIELIDEE UND GRUNDREGELN:

Gesucht werden Spieler, die eine Formation blind, mit den Füßen oder verkehrt herum (Becheröffnung zeigt nach oben) stapeln können.

Fantasievolle Formen

SPIELERZAHL: beliebig

SPIELDAUER: ab 10 Min.

MATERIAL: Speed-Stacks oder Becher

SPIELIDEE UND GRUNDREGELN:

Mit Bechern unterschiedlicher Farbe können Bilder, Schriftzüge und andere Motive gestapelt werden. Wer schafft den buntesten, höchsten oder kreativsten Turm?

VARIATION:

Gemeinsam in Gruppen Türme im selben Rhythmus stapeln.

Staffelformen

SPIELERZAHL: ab 8

SPIELDAUER: ab 10 Min.

MATERIAL: Speed-Stacks oder Becher

SPIELIDEE UND GRUNDREGELN:

Hier treten 4 Stacker nacheinander an. Der erste Stacker startet dabei die Zeitnahme. Der letzte Stacker der Staffel stoppt die Zeit wieder. Es gibt drei verschiedene Staffelwettkämpfe, in denen sich die Teams messen. Dies sind die

- Zeitstaffel 3-6-3 (Time Relay)
- Head-To-Head Staffel 3-6-3 (Wettkampfmodus gegeneinander, nicht gegen die Zeit)
- Head-To-Head Staffel Cycle (Wettkampfmodus gegeneinander, nicht gegen die Zeit)

VARIATION:

Stack-5: Hierbei müssen insgesamt fünf Muster gestackt und zusätzlich Laufstrecken bewältigt werden. Der Ablauf ist der folgende:

- Der Spieler startet an Tisch 1 mit einem 3-3-3 und läuft dann zu Tisch 2, der zwei Meter entfernt hinter dem Spieler steht.
- Dort stackt er einen 3-6-3 und läuft zurück zu Tisch 1. Hier wird nun ein vollständiger Cycle gestackt und wieder zu Tisch 2 gelaufen wo nochmal ein 3-6-3 zu bewältigen ist.
- Zurück an Tisch 1 wird mit einem 3-3-3 abgeschlossen und schließlich die Zeit gestoppt.

Aufbau gegen Abbau oder Stackers und Blasters

SPIELERZAHL: ab 10

SPIELDAUER: ab 10 Min.

MATERIAL: mindestens für jeden Spieler einen Satz Speed Stacks, ggf. Musik

SPIELIDEE UND GRUNDREGELN:

Zwei Mannschaften spielen gegeneinander. 3er-Stacks und 6er-Stacks werden im Raum zufällig verteilt. Die Hälfte der Stacks sollte aufgebaut sein, die andere Hälfte bleibt abgebaut. Eine Gruppe sind die „Stackers“. Diese Gruppe soll nur Stacks aufbauen („Upstack“). Die andere Gruppe sind die „Blasters“. Diese Gruppe baut nur die Stacks ab („Downstack“).
Stackers und Blasters nehmen auf je einer Seite des Feldes Aufstellung. Bei einem Startsignal „Los“ oder Start von Musik starten die Gruppen mit ihrer Aufgabe. Nach 30–60 Sekunden wird ein Durchgang beendet und die Schüler müssen zurück zu Ihrer Startposition.

HINWEISE ZUR ORGANISATION, METHODIK UND SICHERHEIT:

Beim Stopp-Signal darf jeder Stacker oder Blaster noch seinen Upstack oder Downstack beenden. Wenn ein Schüler auf dem Weg ein Stack umwirft, muss er diesen aufbauen, ohne dass er gezählt werden darf. Die Punkte können auf zwei Weisen gezählt werden:
Jeder Schüler zählt für sich wie viel Stacks er up bzw. down gestackt hat.
Der Spielleiter zählt die Anzahl der verblieben aufgebauten Stacks

VARIATIONEN:

- Rollentausch von Stacker & Blaster
- Aufbau: 3-6-3, 6-6, 3-3-3-3
- Verschiedene Bewegungsformen (Spinnengang, Bärengang, …)
- Auf-/Abbau im Liegestütz zur Kraft und Ausdauer
- 2 Gruppen Stacker gegen 1 Gruppe Blaster

Becherklau

SPIELERZAHL: ab 10

SPIELDAUER: ab 10 Min.

MATERIAL: Speed-Stacks oder Becher

SPIELIDEE UND GRUNDREGELN:

Zwei Mannschaften spielen gegeneinander. Die Becher sind in 3er- oder 6er-Pyramiden auf zwei Spielfeldern aufgebaut, die durch eine Linie in der Mitte getrennt sind. Nun gilt es, eine Pyramide beim Gegner ab- und im eigenen Feld wieder aufzubauen, um nach einer festgelegten Zeit so viele Pyramiden wie möglich im eigenen Feld stehen zu haben. Die gegnerische Mannschaft versucht aber ebenso, so viele Pyramiden wie möglich zu klauen. Am Ende hat die Mannschaft gesiegt, in deren Feld die meisten aufgebauten Pyramiden stehen.

Roll and Stack

SPIELERZAHL: ab 10

SPIELDAUER: ab 10 Min.

MATERIAL: Für jeden Spieler mindestens einen Satz Speed Stacks, für jede Mannschaft 2 Würfel

SPIELIDEE UND GRUNDREGELN:

Zwei oder mehr Mannschaften spielen gegeneinander. Viele abgebaute Dreier- und Sechserstapel sind im Raum verteilt. Start ist in der Mitte des Raumes. Jeder Startspieler würfelt zwei Mal. Ungerade Zahlen bedeuten 3er-Stacks, gerade Zahlen 6er-Stacks. Die erste Zahl, die gewürfelt wird, bestimmt, welche Art von Stack (3er/6er) der Spieler stapeln muss. Der zweite Wurf bestimmt die Anzahl der Stacks, die ein Spieler auf-/und abbauen muss. Nach dem Stacken wird der nächste Spieler abgeschlagen. Dieser würfelt erst und erfüllt dann die entsprechende Aufgabe. Welche Mannschaft erreicht auf diese Weise zuerst 50 Punkte (jeder Stack zählt einen Punkt)?

teamwork

SPIELERZAHL: ab 12

SPIELDAUER: ab 10 Min.

MATERIAL: Speed-Stacks oder Becher

SPIELIDEE UND GRUNDREGELN:

Mehrere Viererteams spielen gegeneinander. Jede Mannschaft hat zwölf Becher in der Ausgangsstellung „3-6-3“ auf einem Tisch. Der erste Spieler baut die Formation auf und wieder ab und klatscht den nächsten Spieler ab, der hinter ihm steht. Dieser baut seinerseits „3-6-3“ auf und wieder. Fehler müssen immer gleich korrigiert werden. Welche Mannschaft ist zuerst fertig?

VARIATIONEN:

- Der erste Spieler baut auf, der zweite ab, der dritte Spieler wieder auf und der vierte baut ab.
- Die Spieler starten immer paarweise.

FUCHSJAGD

SPIELERZAHL: ab 6

SPIELDAUER: ab 5 Minuten

MATERIAL: für jeden Spieler ein Speed-Stack-Set

SPIELIDEE UND GRUNDREGELN:

6 Spieler stehen im Kreis. Jeder Schüler hat einen Sechserstapel Becher vor sich. Ein Spieler, der Fuchs, läuft um den Kreis herum, tippt einem beliebigen Spieler auf die Schulter und rennt eine Runde um die Gruppe. Die angetippte Person bückt sich und stapelt einen Sechserturm auf und wieder ab. Wer ist schneller: Läufer oder Stapler? Der Verlierer ist im nächsten Durchgang der Fuchs.

Wilde und laute Spiele

Warum nicht auch mal wilde und laute Spiele in der Klasse durchführen? Kinder und Jugendliche lieben laute Spiele. In Gruppen mit Erwachsenen machen solche Spiele ebenfalls Spaß und Sinn, weil Erwachsene mal „aus sich heraus kommen müssen" und im Spiel einfach mal laut sein dürfen.

Grundsätzlich sollte darauf geachtet werden, dass Nachbarklassen nicht gestört werden. Viele Situationen lassen jedoch laute Spiele zu, beispielsweise wenn die Schüler die Pause in der Klasse verbringen, Nachbarklassen keinen Unterricht haben, der Unterrichtstag zu Ende geht, ein Klassenfest durchgeführt wird oder einfach laute und wilde Spiele etwas leiser gespielt werden, was durchaus möglich ist.

Manche der dargestellten Spiele sind auch gar nicht so laut, sie sind aber etwas wilder und bewegungsintensiver als andere Spiele. Hier liegt auch der große Nutzen: Kinder und Jugendliche wollen sich bewegen. In der Klasse ist dies nicht immer ganz einfach umzusetzen.

Wir haben folglich solche Spiele gesammelt, die versuchen, die Gratwanderung zwischen Bewegungsintensität und kleinem Raum so zu lösen, dass sie noch gut spielbar sind und allen Beteiligten ein freudvolles Spielerlebnis garantieren. Lehrer oder andere Spielleiter benötigen nur etwas Mut, diese wilden und lauten Spiele auch mal auszuprobieren.

Sie werden feststellen, dass gerade laute und wilde Spiele viel Spaß machen und die Konzentration für nachfolgenden Unterricht wieder herstellen. Sollte dies in einer Lerngruppe nicht der Fall sein, weil die Spieler nicht wieder ruhig werden wollen, empfehlen wir nach einem lauten ein leises Spiel aus dem nächsten Kapitel anzuschließen. Gerade für jüngere Schüler wird so der Unterschied zwischen laut und wild sowie ruhig und leise gut erfahrbar. Solche Spiele leisten dann einen Beitrag zur Kompetenz der Psychoregulation, durch die Kinder und Jugendliche lernen, sich zu aktivieren, aber auch sich zu entspannen und ruhig zu werden.

Berühre etwas ...!

SPIELERZAHL: ab 5 Spieler

SPIELDAUER: ab 2 Min.

MATERIAL: kein

SPIELIDEE UND GRUNDREGELN:

Alle Spieler versammeln sich im Kreis und müssen eine Kreislinie oder eine zentrale Fläche bzw. ein zentrales Gerät berühren. Von dieser Grundstellung aus werden die Spieler ausgeschickt, um schnellstmöglich etwas Besonderes zu berühren und dann schnell wieder zurückzukommen. Mögliche Aufgaben sind:

- Berühre etwas Hartes/Weiches!
- Berühre etwas Blaues/Gelbes/Rotes usw.!
- Berühre etwas Rundes/Eckiges usw.!
- Berühre etwas Großes/Kleines/Langes/Kurzes usw.!
- Berühre etwas Kaltes/Warmes usw.!
- Berühre etwas aus Holz/Eisen/Plastik usw.!
- Berühre erst etwas aus Holz und dann etwas aus Eisen!

VARIATIONEN:

- Alle Spieler führen die Aufgabe aus einer Bewegung heraus durch (z. B. alle krabbeln, hüpfen, rennen und müssen auf ein Signal [Pfiff, Klatsch] hin etwas berühren).
- Mit Musikstopp: Alle Spieler tanzen oder laufen und erhalten die Aufgabe beim Musikstopp.

Mannschafts-Schiebekampf

SPIELERZAHL: ab ca. 12

SPIELDAUER: ca. 5 Min.

MATERIAL: kein

SPIELIDEE UND GRUNDREGELN:

Jeweils 6–8 Spieler bilden einen Kreis mit Handfassung. Zwei Kreise befinden sich in einem gekennzeichneten Spielfeld. Ziel ist es, den gegnerischen Kreis über seine Grundlinie zu drängen und selbst nicht über die eigene Grundlinie gedrängt zu werden.

Heisse Kartoffel

SPIELERZAHL: ab 8 Spieler

SPIELDAUER: ab 5 Min.

MATERIAL: ein oder mehrere Bälle

SPIELIDEE UND GRUNDREGELN:

Alle Spieler laufen zur Musik durch die Klasse. Dabei reichen sie eine heiße Kartoffel (Ball) möglichst schnell an einen Mitspieler weiter. Der Ball muss angenommen werden. Plötzlich stoppt die Musik. Wer in diesem Augenblick die heiße Kartoffel in der Hand hält, verbrennt sich die Hände und bekommt einen Minuspunkt.

VARIATION:

Mehrere Kartoffeln werden gleichzeitig herumgereicht.

Bermuda Dreieck

SPIELERZAHL: 10 bis 30

SPIELDAUER: ab 3 Min.

MATERIAL: Klebeband für das Dreieck

SPIELIDEE UND GRUNDREGELN:

Die Spielenden bilden einen Kreis um ein zuvor aufgeklebtes Dreieck und fassen sich an den Armen oder Händen. Auf ein Zeichen der Spielleiterin hin versuchen die Spieler, sich in das Dreieck zu ziehen. Wer hineintritt oder auf die Linie kommt, versinkt im Bermuda Dreieck. Ein neuer Durchgang beginnt.

VARIATION:

Wer in das Bermuda Dreieck gerät, scheidet aus.

Stuhljagd/Reise nach Jerusalem

SPIELERZAHL: ab 10

SPIELDAUER: ab 10 Min.

MATERIAL: Musik, Stühle

SPIELIDEE UND GRUNDREGELN:

In der Klassenmitte werden die Stühle so in einer Reihe oder einem Kreis aufgestellt, dass die Sitzflächen nach außen zeigen. Es gibt zwei Stühle weniger als Spieler. Alle Spieler laufen zur Musik um die Stühle herum. Setzt die Musik aus, versucht jeder Spieler, sich auf einen Stuhl zu setzen. Wer auf keinem Stuhl sitzt, erhält einen Minuspunkt. Wer hat am Ende die wenigsten Minuspunkte?

VARIATION:

Reise nach Jerusalem: Nach jedem Durchgang wird 1 Stuhl (bei großen Gruppen 2 Stühle) weggenommen und ein Spieler scheidet aus.

Umzug

SPIELERZAHL: beliebig

SPIELDAUER: ab 3 Min.

MATERIAL: Für jeden Spieler ein Zeitungsdoppelblatt

SPIELIDEE UND GRUNDREGELN:

Je zwei Spieler stehen gemeinsam auf einem Suhl. Die Stühle sind beliebig in der Klasse verteilt. Zwei Spieler haben keinen Stuhl. Auf deren Kommando „Umzug“ wechseln alle Spieler Stuhl und Partner. Die übrig gebliebenen Spieler geben das nächste Kommando.

VARIATION:

Nach und nach können Stühle aus dem Spiel genommen werden. Es bleiben immer mehr Spieler übrig und es wird schwieriger, einen Stuhl und Partner zu bekommen. Die übrig gebliebenen Spieler müssen gemeinsam „Umzug“ rufen.

Blind Date/ Blinde Schneeballschlacht

SPIELERZAHL: paarweise, unbegrenzt

SPIELDAUER: 5 bis 15 Min.

MATERIAL: Augenbinden, viele weiche Softbälle oder Familytennisbälle

SPIELIDEE UND GRUNDREGELN:

Die Spieler gehen zu Paaren zusammen. Einer von beiden ist der Werfer, der andere der Führer. Der Werfer bekommt die Augen verbunden. Viele Schaumstoffbälle, die auch bei einem Kopftreffer nicht wehtun dürfen, werden zur Verfügung gestellt. Die Paare versuchen sich nun gegenseitig abzuwerfen. Dabei dürfen die Führer nur ihren Werfer anleiten, indem sie ihm sagen, was er zu tun hat (ausweichen, den Ball aufnehmen, zielen, werfen usw.). Nur der Werfer darf werfen. Nach ein paar Minuten werden die Rollen gewechselt.

HINWEISE ZUR ORGANISATION, METHODIK UND SICHERHEIT:

Dieses Spiel ist meist sehr freudvoll. Es sollte jedoch darauf geachtet werden, dass Treffer nicht schmerzhaft sein dürfen. Kopftreffer sollten vermieden werden. Die Spieler sollten in jedem Fall den Hinweis erhalten, dass sie möglichst nur bis in Bauchhöhe werfen dürfen.

VARIATIONEN:

- Bei jüngeren Spielern sind nur verbale Anweisungen gegebenenfalls spielhemmend. Hier sollten die Führer den Werfer auch mit den Händen führen dürfen.
- Blinde Schneeballschlacht: Viel Freude macht das Spiel mit Zeitungspapier. Hierzu werden viele „Schneebälle“ aus Zeitungspapier geknüllt.

Reversi

SPIELERZAHL: ab 10 bis unbegrenzt

SPIELDAUER: ab ca. 3 Min.

MATERIAL: für jeden Spieler mindestens 3 Bierdeckel

SPIELIDEE UND GRUNDREGELN:

In der Klasse werden viele Bierdeckel verteilt, die Hälfte mit der Schrift nach oben, die andere mit der Schrift nach unten. Zwei Mannschaften spielen gegeneinander. Ziel von Mannschaft A ist es, dass bei Spielende möglichst viele Bierdeckel mit dem Bild nach oben liegen. Bei Mannschaft B ist es genau umgekehrt. Welche Deckelseite überwiegt beim Schlusspfiff? Die Bierdeckel müssen an Ort und Stelle liegen bleiben.

Bierdeckeljagd

SPIELERZAHL: beliebig

SPIELDAUER: ab ca. 5 Min.

MATERIAL: viele Bierdeckel, gegebenenfalls Reifen oder Ähnliches

SPIELIDEE UND GRUNDREGELN:

Die Bierdeckel werden in der Klasse verteilt und die Gruppe in mehrere Mannschaften oder in 2er-, 3er- oder 4er- Teams aufgeteilt. Die Spieler stellen sich auf eine Seite der Klasse oder, je Team, zu einem Reifen. Auf ein Signal des Spielleiters beginnt die Bierdeckeljagd. Die Spieler sammeln so viele Bierdeckel wie möglich und bringen diese in ihren Reifen. Sie dürfen allerdings stets nur einen Bierdeckel in jeder Hand transportieren, dann müssen sie wieder zurück laufen. Alle Spieler laufen dabei gleichzeitig. Bierdeckel dürfen nicht aus den Reifen geklaut werden.
Wenn alle Bierdeckel aufgesammelt sind, endet das Spiel. Gewonnen haben könnte die Mannschaft mit den meisten Bierdeckeln bzw. mit dem höchsten Turm übereinander gelegter Bierdeckel. Es empfiehlt sich aber je nach Lerngruppe, keinen Vergleich anzustreben, sondern ein ruhiges Ende zu wählen (siehe Variationen).

HINWEISE ZUR ORGANISATION, METHODIK UND SICHERHEIT:

Laute fetzige Musik kann die Bierdeckeljagd begleiten.

VARIATIONEN:

- Statt dieses Spiel als Wettkampf zu inszenieren, kann am Ende auch eine ruhige Phase durchgeführt werden. Hierzu bieten sich verschiedene Möglichkeiten an:
- Abdecken: Bildet man zunächst Paare, die zusammen Bierdeckel sammeln, kann nun ein Partner den anderen vorsichtig mit Bierdeckeln bedecken. Dieser entspannt sich einfach oder versucht, das jeweilige Körperteil zu benennen, auf das gerade ein Bierdeckel gelegt wurde.
- Kartenhaus: Teams mit 3 oder 4 Teilnehmern können mit den Bierdeckeln ein Kartenhaus bauen. Gewonnen hat gegebenenfalls das Team mit dem schönsten Kartenhaus. Die verschiedenen Kartenhäuser können aber auch einfach nur bewundert werden.

Rübenziehen/Zahnarzt/Sternenbrecher

SPIELERZAHL: beliebig
SPIELDAUER: ab 5 Min.
MATERIAL: kein

SPIELIDEE UND GRUNDREGELN:

Die Spieler legen sich auf den Bauch in einen Kreis und halten sich an den Händen fest (sich mit den Ellenbogen einzuhaken sollte nicht erlaubt sein, da zu hohe Zugkräfte auf die Wirbelsäule einwirken können). Die Füße/Beine der „Rüben“ zeigen nach außen. Ein oder zwei Spieler, oder auch die Lehrperson, gehen herum und versuchen, einzelne Kinder aus diesem Kreis, wie ein Bauer die Möhren, herauszuziehen. Wer herausgezogen wurde, kann nun mithelfen, andere Spieler herauszuziehen. Wird eine Möhre herausgezogen, sollte sich der Kreis schnell wieder schließen, um stabil zu sein.

HINWEISE ZUR ORGANISATION, METHODIK UND SICHERHEIT:
Achtung: Sowohl das Ziehen als auch das Gezogen werden, birgt Gefahren. Die Ziehenden sollten mit geradem Rücken ziehen, um hohe Belastungen der Wirbelsäule zu vermeiden. Zugleich dürfen die Füße der anderen nicht über Kniehöhe angehoben werden, damit die Gefahr der unphysiologischen Belastung durch starke Hohlrückenstellung bei den Liegenden ausgeschlossen wird. Auch sollte immer an beiden Beinen gezogen werden, um einseitige Belastungen zu vermeiden. Die Hose darf nicht heruntergezogen werden. Die Spieler im Kreis sollten ihr T-Shirt in die Hose stecken, damit es keine Verbrennungen am Bauch gibt.

VARIATION:
Haben nach 2 Minuten der Bauer und seine Helfer alle Möhren gezogen, haben diese gewonnen. Ist dies nicht gelungen, sind die Möhren die Gewinner.

Zeitungsballschlacht

SPIELERZAHL: beliebig
SPIELDAUER: ab 3 Min.
MATERIAL: viele Zeitungen

SPIELIDEE UND GRUNDREGELN:

Jeder Spieler formt aus Zeitungen mehrere kleine Bälle. Nach dem Startzeichen dürfen sich die Spieler mit diesen Zeitungsbällen bewerfen.

BÄUMCHEN, BÄUMCHEN WECHSLE DICH

SPIELERZAHL: beliebig

SPIELDAUER: ab 3 Min.

MATERIAL: für jeden Spieler ein Zeitungsdoppelblatt

SPIELIDEE UND GRUNDREGELN:

Jeder Spieler, bis auf einen, faltet ein Zeitungsdoppelblatt zwei Mal und legt es irgendwo im Raum auf den Boden. Sobald die Musik beginnt, laufen, hüpfen oder tanzen alle Spieler durch den Raum, dürfen dabei jedoch keine Zeitung berühren. Sobald die Musik stoppt, setzt sich jeder so schnell wie möglich auf eine Zeitung. Wer auf keiner Zeitung sitzt, bekommt einen Minuspunkt und der nächste Durchgang beginnt.

VARIATION:

Eisschollen: Ein Großteil des Bodens ist mit Eis bedeckt, auf dem sich die Spieler vorsichtig bewegen. Langsam taut es und nur wenige Eisschollen bleiben übrig. Wer nicht ertrinken will, muss sich auf eine Eisscholle retten. Es werden immer weniger Eisschollen. Auf welche Eisscholle passen die meisten Spieler?

SPRUNGFEDER

SPIELERZAHL: beliebig

SPIELDAUER: ab 3 Min.

MATERIAL: ggf. „Sprung"-Musik

SPIELIDEE UND GRUNDREGELN:

Alle Spieler hüpfen und springen zur Musik durch den Raum. Ihre Beine sind in Sprungfedern verwandelt worden. Sie hüpfen um Tische und Stühle. Wenn sich zwei Spieler berühren, erstarren sie auf der Stelle. Sie können erlöst werden, wenn sie von einem Mitspieler, der noch nicht erstarrt ist, an der Schulter berührt werden. Alle Spieler können folglich fangen und gefangen werden. Wer jedoch einen anderen Spieler berührt, ist selbst gefangen und erstarrt ebenfalls.

Da Springen sehr anstrengend ist, können die Spieler auch pausieren. Hockt sich ein Spieler auf den Boden, ist es das Zeichen dafür, dass er eine Pause benötigt. Anschließend stellt er sie sich wieder hin und lässt sich erlösen.

Haltet das Feld frei mit „Zeitungsschneebällen"

SPIELERZAHL: 10 bis 40

SPIELDAUER: ab 5 Min.

MATERIAL: für jeden Spieler ein Zeitungsblatt, Stühle zum Markieren der Mittellinie

SPIELIDEE UND GRUNDREGELN:

Zwei Mannschaften spielen gegeneinander. Mit Stühlen wird eine Mittellinie markiert. Jeder Spieler bekommt ein Zeitungsblatt, das er zu einer Kugel formt. Auf ein Signal der Spielleiterin werfen alle Spieler ihre Papierkugeln in die gegnerische Hälfte. Es gewinnt die Mannschaft, in deren Hälfte nach Ablauf der Zeit weniger Papierkugeln liegen.

HINWEISE ZUR ORGANISATION, METHODIK UND SICHERHEIT:

Tische und Stühle können an den Rand des Raums geräumt werden – müssen aber nicht. In jedem Fall sollten aber alle Tische aufgeräumt sein.

VARIATIONEN:

- Jeweils ein Papierball wird mit Tesakrepp umwickelt und zählt am Ende dreifach.
- Nach dem Spiel wird gemeinsam aufgeräumt. Hierbei ist es motivierend, wenn jede Gruppe einen Schneemann bauen darf. Hierzu erhält jede Mannschaft ein sehr großes, altes T-Shirt, das einer der Mannschaft überzieht. Nun sammeln die Spieler die Zeitungsbälle ein und stopfen sie in das T-Shirt des Schneemanns, bis dieser kugelrund ist.

Spots in Movement

SPIELERZAHL: ca. 10 bis 40

SPIELDAUER: ab ca. 3 Min.

MATERIAL: kein

SPIELIDEE UND GRUNDREGELN:

Alle Spieler bewegen sich zur Musik kreuz und quer durch den Raum. Wenn die Musik ausgeht und solange die Musik ausbleibt, stellt der Spielleiter bestimmte Aufgaben. Diese können beispielsweise sein:

- Alle Spieler versuchen, schnell hintereinander alle 4 Ecken des Raumes zu berühren.
- Alle Spieler versuchen, so viele Hände wie möglich zu schütteln.
- Alle Spieler stellen sich in die Mitte des Raumes.
- Alle Spieler legen sich auf den Boden.
- Alle Spieler mit blauen Augen oder roter gehen Kleidung zusammen.

FARBENSPIEL

SPIELERZAHL: ca. 12 bis 30

SPIELDAUER: ab 3 Min.

MATERIAL: 4 Karten in verschiedenen Farben, Tesafilm

SPIELIDEE UND GRUNDREGELN:

Alle Spieler sitzen in der Mitte des Klassenraums im Stuhlkreis. Die Spielleiterin hängt an jede Wand eine farbige Karte. Anschließend erzählt er eine Geschichte, in der die ausgehängten Farben vorkommen. Sobald eine Farbe genannt wird, müssen alle Spieler so schnell wie möglich zu der entsprechenden Wand laufen, anschlagen und sich wieder in den Kreis setzen. Dann wird die Geschichte fortgesetzt.

HINWEISE ZUR ORGANISATION, METHODIK UND SICHERHEIT:

Bei wenig Platz für einen Stuhlkreis kann es schwierig werden, aus dem Kreis heraus zu laufen. Dann ist es sinnvoll die Sitzflächen der Stühle nach außen zu drehen. Die Spieler sitzen dann im Außenstirnkreis.

VARIATIONEN:

- Wer als letzter sitzt oder wer zur falschen Wand läuft, bekommt einen Minuspunkt.
- Statt Farben können Zahlen oder Wörter gewählt werden.
- Es werden Tierbilder aufgehängt. Jedes dieser Tiere hat eine andere Fortbewegungsart. Die Spieler müssen sich so wie das genannte Tier zur Wand und wieder zurückbewegen.

HERR IM HAUS

SPIELERZAHL: beliebig

SPIELDAUER: ca. 5 Min.

MATERIAL: Kreide oder Kreppband, um das „Haus“ auf den Boden zu malen

SPIELIDEE UND GRUNDREGELN:

Auf den Fußboden wird ein großer Kreis, das Haus, gemalt, sodass alle Spieler in ihm Platz finden. Nun versucht jeder Hausbewohner, seine Mitbewohner aus dem Haus zu drängen. Wer einen Fuß außerhalb des Kreises aufsetzt, muss ausziehen. Von draußen kann er allerdings weitere Hausbewohner aus dem Kreis ziehen. Wer zum Schluss allein im Kreis übrig bleibt, ist Herr im Haus.

HINWEISE ZUR ORGANISATION, METHODIK UND SICHERHEIT:

Die Spielenden dürfen sich gegenseitig nur drängen und schieben, nicht schubsen oder ähnliches.

SPINNENKAMPF

SPIELERZAHL: beliebig
SPIELDAUER: ab ca. 5 Min.
MATERIAL: kein

SPIELIDEE UND GRUNDREGELN:

Alle Spieler sind Spinnen, die sich auf allen Vieren rücklinks (also Bauch nach oben) im Spinnengang bewegen. Die Spinnen treffen sich im Spinnennetz, einer klar umgrenzten, relativ kleinen Spielfläche, z. B. in der Mitte der Klasse. Nun beginnt der Spinnenkampf und die Spinnen versuchen, sich gegenseitig die Beine oder Arme wegzuziehen, sodass der Po den Boden berührt.

HINWEISE ZUR ORGANISATION, METHODIK UND SICHERHEIT:

- Innerhalb des Spielfeldes dürfen die Spinnen schnell wegkrabbeln und einem Gegner ausweichen. Das Feld dürfen sie jedoch nicht verlassen.
- Die Spinnen dürfen sich nur an den Beinen und Armen ziehen, andere Körperteile sind tabu.
- Mehrere Spinnen dürfen gleichzeitig an einer Spinne ziehen.
- Auch zum Ausruhen dürfen die Spieler nicht ihren Po auf den Boden setzen.

VARIATIONEN:

- Besiegte Spinnen scheiden aus (z. B. am Stundenende) und verlassen das Spinnennetz.
- Besiegte Spinnen bleiben im Spinnennetz sitzen und sind Hindernisse, die die anderen umkrabbeln müssen.
- Besiegte Spinnen bleiben im Spinnennetz sitzen und können im Sitzen weiterspielen. Gewinnen können sie aber nicht mehr.
- Jede Spinne befördert einen Ball auf dem Bauch. Fällt dieser herunter, muss man sich setzen.

Feuer, Wasser, Blitz

SPIELERZAHL: beliebig

SPIELDAUER: ab ca. 5 Min.

MATERIAL: Musik

SPIELIDEE UND GRUNDREGELN:

Alle Spieler bewegen sich frei im Klassenraum. Die Spielleiterin ruft verschiedene Signale in den Raum, zu welchen folgende Aktivitäten ausgeführt werden müssen:

- Feuer: Die Spieler laufen zu einer Tür.
- Wasser: Die Spieler steigen auf einen Gegenstand (z. B. Stuhl).
- Blitz: Die Spieler legen sich auf den Bauch.
- Sturm: Die Spieler halten sich an einem stabilen Gegenstand fest.

Es gibt einen Minuspunkt für falsch oder zu spät ausgeführte Signale und das Spiel wird fortgesetzt. Wer hat am Ende die wenigsten Minuspunkte?

VARIATIONEN:

- Der letzte Spieler (die letzten zwei Spieler) muss eine Runde ausscheiden und darf dann wieder mitmachen.
- Der erste Spieler darf das nächste Signal sagen.
- Weitere Signale können sein:

Eis: Alle Spieler erstarren zu Eis.
Sonne: Alle Spieler legen sich auf den Rücken und sonnen sich.
Wirbelsturm: Zwei Spieler stehen sich gegenüber, fassen sich an und drehen sich im Kreis.
Hundehütte: Ein Spieler stellt sich mit gegrätschten Beinen hin, ein anderer kniet sich als Hund hinein. Kirchturm: Ein Spieler wird huckepack getragen.
Kaugummi: Alle Spieler kleben wie ein Kaugummi an der Wand.

Teppichfliesenfangen

SPIELERZAHL: 10 bis 30

SPIELDAUER: ab 5 Min.

MATERIAL: für jeden Spieler zwei Teppichfliesen, Markierung für die Fänger

SPIELIDEE UND GRUNDREGELN:

Jeder Spieler stellt sich mit den Füßen auf zwei Teppichfliesen, mit der glatten Seite nach unten. Ein oder mehrere gekennzeichnet Fänger versuchen, möglichst viele Spieler zu fangen. Wer berührt wurde, holt sich ein Mannschaftsband und wird auch Fänger.

Alarmanlage

SPIELERZAHL: 10 bis 30

SPIELDAUER: ab ca. 5 Min.

MATERIAL: kein

SPIELIDEE UND GRUNDREGELN:

Ein Spieler wird vor die Tür geschickt. Die übrigen Spieler vereinbaren eine Körperstelle, die als Aus-Schalter wirken soll, z. B. Nase, linke Hand oder rechtes Ohrläppchen. Zusätzlich wird ein Spieler als Generalschalter bestimmt. Nun stimmen alle ein nervenzerreißendes Alarmanlagen-Geheule an, was für den draußen wartenden Spieler das Signal ist, herein zu kommen. Er versucht nun, die Alarmanlage abzuschalten, indem er durch Ausprobieren die vereinbarte Körperstelle findet. Hat er dies geschafft, so verstummt der betreffende Spieler augenblicklich. Wird der Generalschalter an der entsprechenden Körperstelle ausgeschaltet, so verstummen alle Spieler.

Stuhlhockey oder Schrubberhockey

SPIELERZAHL: 6 bis 20

SPIELDAUER: ab 5 Min.

MATERIAL: 2 Stühle, 2 Schrubber, 1 Lappen

SPIELIDEE UND GRUNDREGELN:

Zwei Stühle werden in einem Abstand von 8-20 Metern zueinander aufgestellt. Auf beiden Stühlen liegt ein Schrubber und in der Mitte zwischen den Stühlen ein Putzlappen. Zwei Mannschaften spielen gegeneinander. Sie setzen sich zu beiden Seiten des Spielfeldes auf den Boden oder auf Stühle, die gleichzeitig das Feld begrenzen. Die Reihen zählen durch und jeder Spieler merkt sich seine Nummer. Der Spielleiter ruft dann eine Nummer, woraufhin die beiden angesprochenen Spieler aufspringen, sich ihren Schrubber schnappen und damit versuchen, den Lappen unter den gegnerischen Stuhl zu bugsieren. Der Lappen darf nur mit dem Schrubber bewegt werden. Bei einem „Tor“ bekommt die Siegermannschaft einen Punkt, Schrubber und Lappen werden zurückgelegt und der Spielleiter ruft die nächste Nummer.

Romeo und Julia oder „Das geteilte Paar"

SPIELERZAHL: ab 10

SPIELDAUER: ab 5 Minuten

MATERIAL: kein

SPIELIDEE UND GRUNDREGELN:

Zwei Spieler, Romeo und Julia, stehen sich an den diagonal gegenüber liegenden Seiten des Spielfeldes gegenüber. Aufgabe der beiden Spieler ist es nun, sich gegenseitig zu berühren. Dieses müssen alle anderen Spieler, die bösen Verwandten, verhindern. Romeo und Julia dürfen nur mit dem Körper behindert aber nicht mit den Händen festgehalten werden.

VARIATIONEN:

- Ein weiteres Paar startet aus den anderen beiden Ecken
- Auch Festhalten ist erlaubt.

Cola, Fanta, Sprite

SPIELERZAHL: 10 bis 40

SPIELDAUER: ab 3 Min.

MATERIAL: ein langes Seil

SPIELIDEE UND GRUNDREGELN:

In der Mitte, quer durch den Raum, liegt ein Seil. Alle Teilnehmer stehen hintereinander links vom Seil. Die Spielleiterin gibt einige Befehle, die von allen Teilnehmern ausgeführt werden müssen. Folgende Befehle werden erteilt:

- „Fanta!" – alle müssen nach rechts springen
- „Sprite!" – alle müssen nach links springen
- „Cola!" – alle müssen sich mit einem Sprung umdrehen

Wenn der erste Befehl also lautet: „Fanta!" müssen alle einen Sprung nach rechts über das Seil machen. Wer zu lange zögert oder einen Befehl falsch ausführt, muss drei Strafsprünge machen.

VARIATION:

Weitere Aufgaben sind denkbar (Strecksprung, mit den Händen den Boden berühren).

Ja- und Nein-Stuhl

SPIELERZAHL: ca. 8 bis 20

SPIELDAUER: ca. 5 bis 15 Min.

MATERIAL: mind. 2 Stühle

SPIELIDEE UND GRUNDREGELN:

Die Spieler setzen sich in zwei Reihen gegenüber. An den Enden der Gasse stehen zwei Stühle, ein Ja- und ein Nein-Stuhl. Die beiden Gruppen haben durchgezählt. Die Spielleiterin ruft eine Nummer auf und stellt eine Wissens- oder Scherzfrage, die mit „Ja" oder „Nein" beantwortet werden kann. Wer von den beiden Aufgerufenen zuerst auf dem „richtigen" Stuhl sitzt, hat einen Punkt für sein Team gewonnen.

Wäscheklammern klauen

SPIELERZAHL: ab 10

SPIELDAUER: ab 5 Min.

MATERIAL: Für jeden Spieler 4 Wäscheklammern

SPIELIDEE UND GRUNDREGELN:

Jeder Spieler erhält 4 Wäscheklammern, die an der Kleidung gut sichtbar befestigt werden. Alle Spieler versuchen, so viele Wäscheklammern wie möglich zu ergattern und heften sie an ihre eigene Kleidung. Es darf jedoch immer nur eine Wäscheklammer geklaut werden. Wer am Ende die meisten Wäscheklammern hat, ist der Gewinner.

HINWEISE ZUR ORGANISATION, METHODIK UND SICHERHEIT:

Je nach Gruppe kann folgende Zusatzregel eingeführt werden: Während ein Spieler die ergatterte Wäscheklammer an seiner Kleidung befestigt, darf man diesem Spieler keine Wäscheklammer abnehmen.

VARIATION:

Wäscheklammern verkehrt: Jetzt versuchen die Spieler, den anderen die Wäscheklammern an die Kleidung zu hängen. Wer am Ende die wenigsten Wäscheklammern hat, gewinnt das Spiel. Hierbei kann es passieren, dass Wäscheklammern auf den Boden fallen. Selbstverständlich muss dann derjenige Spieler die Wäscheklammer aufheben, der sie nicht vollständig anheften konnte.

Auch Ruhe und Stille gehören zu einer Bewegten Schule. Kinder und Jugendliche mögen das Laute aber auch die Stille. Für alle Beteiligten sind ruhige Spiele in der Abfolge eines anstrengenden und nicht selten lauten Unterrichtstages sehr erholsam und angenehm. Ziel kann es sein, diese Ruhe mit in die nächste Unterrichtsphase zu nehmen oder sich mit der Stille nach einem konzentrierten Unterricht zu belohnen.

Entsprechend bieten ruhige Spiele nach anstrengenden oder lauten Arbeitsphasen eine sehr gute Möglichkeit zur Abwechslung sowie zur spielerischen Entspannung und Kontemplation. Sehr gut können ruhige Spiele auch am Ende eines Unterrichtstages oder vor der Pause eingesetzt werden. Die Spieler verlassen dann ruhig und entspannt, statt aufgeregt und laut, den Klassenraum.

Um Ruhe und Stille im Klassenraum zu erzeugen, eignen sich auch viele der im Abschnitt „Spiele zur Wahrnehmung“ dargestellten Ideen. Bei allen ruhigen Spielen ist es wichtig, dass vor allem der Spielleiter selbst Ruhe und Gelassenheit ausstrahlt. Sprachliche Anteile während eines Spiels sollten leise und klar gesprochen werden. Spielleiter dürfen auch mal flüstern, um eine Atmosphäre der Stille zu erzeugen oder noch zu verstärken.

Das offene Fenster

SPIELERZAHL: beliebig
SPIELDAUER: ab ca. 2 Min.
MATERIAL: kein

SPIELIDEE UND GRUNDREGELN:

Die Spieler sitzen auf ihrem Platz oder im Stuhlkreis. Sie sind ganz still und schließen die Augen. Der Spielleiter, später auch ein Spieler aus der Gruppe, öffnet ein Fenster. Die Spieler achten auf alles, was von draußen zu hören ist. Nach einer Minute wird das Fenster geschlossen und die Spieler berichten, was alles zu hören war.

HINWEISE ZUR ORGANISATION, METHODIK UND SICHERHEIT:

Beim ersten Mal sollte die Zeit des offenen Fensters abhängig vom Alter der Spieler auch nur eine halbe Minute betragen.

VARIATION:

Die Spieler malen, was sie gehört haben, oder schreiben es auf.

Regen

SPIELERZAHL: 10 bis 40

SPIELDAUER: ca. 5 bis 10 Min.

MATERIAL: kein

SPIELIDEE UND GRUNDREGELN:

Alle Spieler sitzen gleichmäßig am besten im Schneidersitz auf dem Boden. Sie können aber auch auf Stühlen oder an Tischen im Kreis sitzen. Alle Spieler schließen die Augen. Die Spielleiterin beginnt die Hände aneinander zu reiben. Danach beginnen die anderen Spieler einzeln im Uhrzeigersinn ebenfalls mit dem Geräusch. Die Spieler sollen hören, wann der Spieler rechts von ihnen das Element ausführt, und dann dieses nachmachen. So wandern die Geräusche im Kreis. Ein Geräusch wird dabei so lange ausgeführt, bis ein neues Geräusch auf der rechten Seite zu hören ist. Sobald das erste Geräusch beim Lehrer ankommt, beginnt dieser mit dem nächsten Element. Die Spieler machen aber so lange das erste Geräusch, bis von ihrem rechten Nachbar das zweite Geräusch zu hören ist.

1. Wolken ziehen herbei und Wind kommt auf: Die Spieler reiben ihre Hände aneinander.
2. Leichter Regen setzt ein und einzelne Regentropfen fallen: Die Spieler schnipsen mit den Fingern.
3. Starker Regen setzt ein: Die Spieler tippen mit 2 Fingern oder klatschen je nach Schulsituation mit der flachen Hand auf den Boden (bzw. auf ihren Stuhl oder ihren Tisch)
4. Der Regen wird wieder weniger: Die Spieler schnipsen mit den Fingern.
5. Der Regen hört auf und Wind setzt ein: Die Spieler reiben wieder ihre Hände aneinander.
6. Die Wolken sind fort, es wird wieder ganz still: Die Spieler hören nach der Reihe wieder auf. Wenn der rechte Nachbar kein Geräusch macht, hört der Spieler auch auf.

HINWEISE ZUR ORGANISATION, METHODIK UND SICHERHEIT:

Die einzelnen Geräusche sollten vor der Inszenierung im Kreis kurz vorgemacht werden. Wenn jemand die Augen nicht schließen möchte, kann dies ruhig zugelassen werden. Im weiteren Verlauf schließen auch solche Spielenden meist von selbst die Augen. Die Wahrnehmung der wandernden Geräusche ist sehr angenehm.

VARIATION:

Wenn die Spieler mit dem Spiel vertraut sind, kann auch ein Spieler die Rolle der Spielleiterin übernehmen.

Zaubertiere

SPIELERZAHL: 10 bis 40

SPIELDAUER: ca. 5 Min.

MATERIAL: 2 bis 4 Stofftiere

SPIELIDEE UND GRUNDREGELN:

Je nach Größe der Lerngruppe erhalten 2 bis 4 Spieler ein Stofftier (Zaubertier). Alle anderen verteilen sich im Klassenraum und suchen sich einen Schlafplatz. Wenn alle Spieler ruhig liegen und die Augen geschlossen haben, verteilen die „Zauberer" die Zaubertiere, indem sie jeweils ein Tier einem besonders ruhigen Spieler auf den Rücken legen. Sobald der Zauberer sein Tier aus der Hand gelegt hat, legt er sich neben den Spieler und schließt die Augen. Die Spieler, die das Zaubertier bekommen haben, stehen auf und legen es bei einem anderen Kind erneut ab.

VARIATION:

Nachdem ein Zauberer seinen Tier abgelegt hat, geht er leise und langsam in die Pause.

Goofy

SPIELERZAHL: ca. 10 bis 40

SPIELDAUER: ca. 5 bis 10 Min.

MATERIAL: kein

SPIELIDEE UND GRUNDREGELN:

Alle Spieler sind orientierungslos, nur Goofy kann sie retten. Goofy ist der einzige Sehende, alle anderen haben die Augen geschlossen und gehen leise durch den Raum. Begegnen sie jemandem fragen sie immer: „Goofy?" Ist der andere nicht Goofy, muss auch er fragen: „Goofy?" Nur Goofy antwortet nicht, daran können die Spieler ihn erkennen.

Hat ein Spieler Goofy gefunden, darf er die Augen öffnen und legt seine Hände auf die Schulter von Goofy. So bildet sich eine immer längere (sehende) Schlange, die auch „Goofy" ist, bis alle Goofy gefunden haben.

HINWEISE ZUR ORGANISATION, METHODIK UND SICHERHEIT:

Wenn jüngere Spieler mal blinzeln, ist dies für die Sicherheit der Spieler durchaus zu tolerieren. Mit zunehmender Spielerfahrung sollten die Spieler jedoch versuchen, die Augen geschlossen zu halten.

Schleicher

SPIELERZAHL: 10 bis 40

SPIELDAUER: ca. 5 bis 10 Min.

MATERIAL: kein

SPIELIDEE UND GRUNDREGELN:

Alle Spieler sitzen gleichmäßig und im Schneidersitz auf dem Boden oder auf Stühlen in einem Innenstirnkreis. Ungefähr jeder vierte bis fünfte Spieler steht auf und ist ein Schleicher. Nun schließen alle Sitzenden die Augen und die Schleicher beginnen, leise um den Kreis, und somit um die Sitzenden, herumzugehen. Dazu sagt der Spielleiter den Spruch „Die Schleicher können im Kreise gehen, doch bei 3 bleiben sie stehen. 1 - 2 - 3!" Jetzt müssen die Schleicher hinter einem Sitzenden stehen. Dabei waren sie bemüht, sich so leise wie möglich anzuschleichen. Die Sitzenden lassen noch die Augen zu und melden sich, wenn sie glauben, dass hinter ihnen jemand steht. Der Spielleiter sagt: „Lass die Augen bitte noch geschlossen. Wenn du glaubst, dass hinter dir ein Schleicher steht, hebst du den Arm." Erst jetzt und auf Kommando dürfen die Augen geöffnet werden. Stimmt die Vermutung, werden die Rollen der Spielenden gewechselt. Hat der Sitzende den Schleicher nicht bemerkt, kann der Schleicher noch eine Spielrunde schleichen.

HINWEISE ZUR ORGANISATION, METHODIK UND SICHERHEIT:

Wenn jemand die Augen nicht schließen möchte, kann dies ruhig zugelassen werden. Im weiteren Verlauf schließen auch solche Spielenden von selbst die Augen, da sich kein Schleicher hinter jemanden mit offenen Augen stellen wird (Selbstregulation des Spielverlaufs).

VARIATION:

Wenn die Spieler mit dem Spiel vertraut sind, kann auch ein Spieler die Rolle des Spielleiters übernehmen. Die Spieler dürfen die Schuhe ausziehen.

PIZZABÄCKER/WETTERMASSAGE

SPIELERZAHL: beliebig ab 10

SPIELDAUER: ca. 5 bis 10 Min.

MATERIAL: kein

SPIELIDEE UND GRUNDREGELN:

Alle Spieler bilden einen Kreis. Sie sitzen auf dem Boden oder verkehrt herum auf Stühlen mit dem Rücken zu ihrem Hintermann. Nun wird auf diesem Rücken eine Pizza gebacken. Zuerst wird der Teig geknetet, dann wird das Blech mit Mehl bestreut (mit den Fingerspitzen auf den Rücken tupfen). Anschließend muss man den Teig ausrollen und ausstreichen (mit den Händen vom Hosenbund bis zu den Schultern streichen), mit Zutaten belegen (mit den Fäusten auf den Rücken drücken) und den Rand formen (mit den Fingern Hautfalten ziehen). Die Pizza wird im Ofen gebacken (mit den Handflächen den Rücken warm reiben) und zum Schluss zerschnitten (mit der Handkante). Viele andere Pizzaarbeiten sind selbstverständlich möglich. Die Spieler können hierbei auch gut beteiligt werden.

VARIATIONEN:

- Paarweise: Die Spieler können auch paarweise zusammen gehen. Nach ca. 5 Min. werden die Rollen gewechselt.
- Wettermassage:
  Wie beim Pizzabacken kann die Spielleiterin eine Geschichte erzählen und die Spieler machen die entsprechenden Massagebewegungen auf dem Rücken:

  leichter Regen: leichtes Fingerklopfen auf dem Rücken

  starker Regen: stärkeres Fingerklopfen

  Hagel: festes Fingerklopfen

  vereinzelte Regentropfen: einzelne Finger klopfen leicht auf den Rücken

  Wind: mit den Handflächen über den Rücken reiben

  Sonnenschein: Handflächen auflegen, leichte kreisförmige Bewegungen und nach außen streichen (wie Sonnenstrahlen)

  Blitze: mit einem Finger einen Blitz auf den Rücken malen

  Donner: leichte Schläge mit der flachen Hand

  Kälte/Frost: vorsichtig mit zwei Fingern zwicken

Weckt die Löwen auf

SPIELERZAHL: 10 bis ca. 30

SPIELDAUER: ca. ab 3 Min.

MATERIAL: kein

SPIELIDEE UND GRUNDREGELN:

Alle Spieler, bis auf einen, den Löwen, legen sich schlafend auf den Boden. Der Löwe muss durch Kitzeln und Stupsen versuchen, die anderen zu wecken. Öffnet ein Spieler die Augen, lacht oder bewegt sich, so wird er auch zum Löwen und muss ebenfalls andere wecken.

Waschstrasse

SPIELERZAHL: 10 bis 40

SPIELDAUER: ab 5 Min.

MATERIAL: ggf. 2 bis 4 Rollbretter

SPIELIDEE UND GRUNDREGELN:

Alle Spieler bilden eine Gasse. Ein Spieler nennt ein Auto, legt oder setzt sich auf ein Rollbrett und sagt, wie dreckig es ist. Danach rollt er langsam durch die Gasse hindurch. Die anderen Spieler in der Gasse bilden eine Waschanlage und massieren den hindurchfahrenden Spieler. Sie bilden den „Schaum“, die harten und/oder weichen „Bürsten“, das „Wasser“, den „Föhn“ und den „Wachsauftrag“. Wenn der Spieler hinten angekommen ist, reiht er sich in die Gasse ein und ein anderer Spieler ist das Auto.

HINWEISE ZUR ORGANISATION, METHODIK UND SICHERHEIT:

Die Spieler sollten rücksichtsvoll miteinander umgehen und die besonderen Bedürfnisse der einzelnen Spieler berücksichtigen. Das Tempo des Waschgangs bestimmt jedes Auto weitgehend selbst. Es sollte nur nicht zu einem Stau kommen, wenn mehrere Autos gleichzeitig gewaschen werden.

Der Häuptling und sein Schatz/ Hundeknochen/ Stachelschwein/ Schlüsselwächter

SPIELERZAHL: 10 bis ca. 30

SPIELDAUER: ab 5 Min.

MATERIAL: als Schatz: kleine Spielgeräte, Muggelsteine, ggf. auch Obst, Bonbons und andere kleine Schätze

SPIELIDEE UND GRUNDREGELN:

Die Spielenden sitzen im Kreis. In der Mitte befindet sich ein Mitspieler, der Häuptling. Der Häuptling hat die Augen verbunden bzw. geschlossen. Um ihn herum liegt der Schatz. Nun versucht ein Spieler aus der Gruppe, etwas von dem Schatz zu stehlen. Hört der Häuptling den sich Anschleichenden, ruft er „STOPP!“ und zeigt die Richtung an, aus welcher er das Geräusch gehört hat. Der Ertappte muss zurück auf seinen Platz. Gelingt es einem Spieler sich lautlos anzuschleichen, darf er sich einen Teil vom Schatz nehmen und schleicht zurück. Das Spiel ist beendet, wenn der Schatz des Häuptlings geplündert ist.

VARIATIONEN:

- Hundeknochen: Auf einer Decke schläft der Hund und bewacht seinen Knochen. Er darf den Knochen aber nicht berühren. Wer schafft es, dem Hund seinen Knochen zu stehlen?
- Stachelschwein: In der Mitte sitzt ein Stachelschwein. Wer schafft es, seinen stacheligen Rücken kurz zu berühren?
- Schlüsselwächter: In der Mitte sitzt der Schlüsselwächter und bewacht einen Schlüsselbund. Einbrecher versuchen die Schlüssel zu stehlen.

Siebenschläfer/ Häuptling Manitu

SPIELERZAHL: 10 bis 30

SPIELDAUER: ca. 2 bis 5 Min.

MATERIAL: kein, bei Häuptling Manitu eine Feder

SPIELIDEE UND GRUNDREGELN:

Die Spieler verteilen sich in der Klasse, legen sich leise mit dem Bauch auf den Boden (der Boden sollte hierzu sauber sein) und schließen die Augen. Jetzt wird es ganz leise. Der Spielleiter tippt einen (leisen) Spieler vorsichtig an oder streichelt ihm über den Rücken. Dieser Spieler steht auf und berührt den nächsten (leisen) Spieler und so fort. Wer jemanden angetippt hat, schleicht leise aus der Klasse und geht in die Pause.

HINWEISE ZUR ORGANISATION, METHODIK UND SICHERHEIT:

Sollen sich die Spieler nicht auf den Boden legen, können sie auch am Tisch sitzen bleiben und den Kopf auf die verschränkten Arme so legen, dass sie nichts sehen können.

VARIATION:

Häuptling Manitu: Alle Indianer sind müde. Doch wenn Häuptling Manitu (z. B. der Lehrende oder ein anderer Spieler) mit seiner Feder vorsichtig über einen Indianer streicht, erwacht dieser wieder und geht leise in die Umkleide.

Streichholzspiel

SPIELERZAHL: 5 bis 15

SPIELDAUER: ca. 5 bis 10 Min.

MATERIAL: Flasche, viele Streichhölzer

SPIELIDEE UND GRUNDREGELN:

In die Mitte des Raumes oder auf den Tisch wird eine leere Flasche gestellt. Alle Mitspieler bekommen Streichhölzer. Nun muss jeder Spieler nacheinander ein Streichholz auf die Flasche legen, ohne dass die anderen bisher gelegten herunterfallen (ähnlich wie Jenga). Bei wem der Stapel schließlich fällt, der bekommt einen Minuspunkt.

Einfrieren und Auftauen

SPIELERZAHL: ca. 10 bis 40

SPIELDAUER: ca. 5 Min.

MATERIAL: ruhige Musik

SPIELIDEE UND GRUNDREGELN:

Alle Spieler stehen „eingefroren“ im Kreis. Der Spielleiter stellt die Musik an und nennt ein Körperteil, das langsam auftaut und sich frei bewegen kann. Nach und nach gibt der Spielleiter weitere Körperteile frei, zum Beispiel Finger, Hände, Arme, Kopf und linkes Bein. Anschließend fängt es wieder an zu frieren. Die Körperteile erstarren nach und nach wieder, bis die Spieler wieder vollkommen still stehen. Anschließend beginnt ein neuer Durchgang, allerdings mit einer anderen Ausgangsposition.

Luftpumpe und Schlauchboot

SPIELERZAHL: paarweise, nahezu unbegrenzt

SPIELDAUER: ca. 5 bis 10 Min.

MATERIAL: kein

SPIELIDEE UND GRUNDREGELN:

Die Spieler gehen paarweise zusammen. Ein Spieler ist die Luftpumpe, ein Spieler stellt das Schlauchboot dar. Nun wird das Schlauchboot pantomimisch Stück für Stück aufgepumpt. So werden erst die Beine angespannt, dann die Arme, dann der Rumpf. Ist das Schlauchboot aufgepumpt und sind alle Muskeln angespannt, wird nach einigen Sekunden die Luft wieder herausgelassen. Dies kann gut drei Mal wiederholt werden. Danach werden die Rollen getauscht.

HINWEISE ZUR ORGANISATION, METHODIK UND SICHERHEIT:

Die Spieler sollen bei diesem Spiel den Unterschied zwischen Anspannung und Entspannung fühlen. Gut ist es, wenn sie dann als leeres Schlauchboot noch etwas „in der Sonne liegen“ können, um zu entspannen.

Wer ist herumgelaufen?

SPIELERZAHL: 10 bis 30
SPIELDAUER: ab ca. 2 Min.
MATERIAL: kein

SPIELIDEE UND GRUNDREGELN:

Die Kinder stehen mit geschlossenen Augen im Kreis, die Spielleiterin tippt ein Kind an. Dieses Kind löst sich leise aus dem Kreis, geht einmal um ihn herum und stellt sich leise wieder an seinen Platz. Die anderen Kinder öffnen ihre Augen auf Signal und dürfen nun raten, wer den Kreis verlassen hat.

Telegramm schicken

SPIELERZAHL: ca. 15 bis 40
SPIELDAUER: ab ca. 3 Min.
MATERIAL: kein

SPIELIDEE UND GRUNDREGELN:

Alle Spieler sitzen im Kreis und geben sich die Hände. Ein Spieler sagt „Ich schicke ein Telegramm an XY“ und gibt einen Händedruck nach rechts oder links weiter. Zwei Spieler in der Mitte des Kreises versuchen herauszufinden, wer gerade die Hand drückt. Gelingt dies ihnen, bevor das Telegramm den Adressaten erreicht, wechseln sie mit zwei anderen Spielern die Rolle. Kommt das Telegramm hingegen zuvor an, schickt der Adressat ein neues Telegramm auf die Reise.

Bierdeckel spüren

SPIELERZAHL: paarweise, beliebig

SPIELDAUER: ab ca. 5 Min.

MATERIAL: pro Paar mindestens 5 bis 10 Bierdeckel

SPIELIDEE UND GRUNDREGELN:

Alle Spieler gehen paarweise zusammen. Ein Spieler liegt auf dem Bauch. Sein Partner legt vorsichtig je nach Alter fünf bis zehn Bierdeckel auf verschiedene Körperstellen. Nun muss der liegende Spieler die Stellen benennen, auf denen die Bierdeckel liegen. Anschließend werden die Rollen gewechselt.

Verkehrschaos

SPIELERZAHL: ca. 8 bis 20

SPIELDAUER: ca. 5 bis 15 Min.

MATERIAL: Gymnastikreifen, Kreide oder Tesakrepp zum Kenntlichmachen der Standplätze

SPIELIDEE UND GRUNDREGELN:

Die Spieler stehen in zwei Gruppen auf festgelegten Standplätzen (entweder Reifen, Klebestreifen oder Kreidemarkierungen) auf einer Linie. Zwischen den beiden Gruppen ist ein Platz frei. Die Aufgabe der Spieler ist es nun, die Plätze mit den gegenüberstehenden Spielern zu tauschen. Dabei sind folgende Bewegungen erlaubt:

- Ein Spieler kann sich in ein freies, vor ihm befindliches Feld bewegen.
- Ein Spieler darf um jede Person herum in ein freies Feld gehen. Das leere Feld muss sich jedoch direkt hinter diesem Spieler befinden.

Folgende Bewegungen sind nicht erlaubt:

- Jede Bewegung rückwärts
- Jede Bewegung um einen Spieler der eigenen Mannschaft herum.
- Jede Bewegungssequenz, in der sich zwei Personen zur gleichen Zeit bewegen.

VARIATION:

Das Spiel kann auch mit vier Kleingruppen gespielt werden, die sich kreuzweise anordnen. Für alle Kleingruppen steht insgesamt allerdings nur ein leerer Wechselplatz zur Verfügung. Die sich jeweils gegenüberstehenden Mannschaften tauschen die Plätze.

A	A	A	A	A	Frei	B	B	B	B	B

Staffeln und Wettspiele motivieren Kinder und Jugendliche in besonderer Weise: Hier geht es darum, besser, schneller oder geschickter zu sein als andere. Dies erzeugt hochmotivierte Spieler, die gewinnen wollen. Staffeln und andere Wettspiele können aber auch starke Emotionen von Sieg und Niederlage auslösen.

Jüngere Schüler müssen lernen, damit umzugehen: Sieger müssen das faire Gewinnen lernen – ohne die anderen zu hänseln; Verlierer müssen lernen, mit der Niederlage umzugehen – ohne den anderen die Schuld zu geben. Spielleiter sollten die Emotionen ernst nehmen. Floskeln der Erwachsenen wie „Das ist doch nur ein Spiel!" sind meist nicht zielführend. Kinder und Jugendliche wollen gewinnen, deswegen strengen sie sich an. Hinterher diese Anstrengungsbereitschaft nicht ernst zu nehmen, provoziert oder demotiviert die Spieler. Ältere Spieler scheuen manchmal das Wettspiel und wollen lieber „cool" sein. Sie können lernen, dass Staffeln großen Spaß machen, wenn man nicht immer nur abgeklärt ist.

Wichtige Hinweise zu Staffeln und Wettspielen:

1. Mannschaften und Spielorganisation

Die gebildeten Mannschaften sollten nicht zu groß sein. Stattdessen empfiehlt es sich mehrere kleinere Mannschaften zu bilden, damit die Pausen nicht zu lang werden und die Bewegungsumfänge größer sind. Die Bewegung wird auch gesteigert, wenn bei Staffeln zwei oder drei Durchgänge nacheinander durchgeführt werden, bevor entschieden ist, wer gewonnen hat.

Wenn die Anzahl der Spielenden nur ungleich in Gruppen aufgeteilt werden kann, können einzelne Spieler doppelt starten. Auch können einzelne Spieler einfache Schiedsrichteraufgaben oder „Traineraufgaben" übernehmen. Bewegungsaufgaben sollten so gewählt werden, dass alle Spieler diese beherrschen. Wenn Kinder beispielsweise einen Ball noch nicht sicher dribbeln können, macht es keinen Sinn von ihnen diese Bewegungshandlung unter Zeitdruck zu erwarten.

2. Klare Regeln

Bei allen Staffeln und Wettspielen müssen die Regeln genau geklärt sein. Hierfür ist ein Probedurchgang sinnvoll, weil die Spieler so eine Vorstellung über den Ablauf erhalten und danach offene Regelfragen gut besprochen und verstanden werden können. Wichtig bei Staffeln sind klare Ablöseregeln, deren Überschreitung leicht überprüft werden kann. Typische und bewährte Ablöseregeln sind: Abklatschen des nächsten Spielers, Überlaufen eines Hindernisses oder Übergabe eines Gegenstandes. Insbesondere bei Staffeln ist es ein Zeichen von Spielintelligenz, „weiche Regeln" zum eigenen Vorteil auszulegen. Spielleiter, die dann möglicherweise sauer reagieren, haben zuvor versäumt, klare Regeln aufzustellen und mögliche Sanktionen vor Spielbeginn anzukündigen.

3. Erst in einem Probedurchgang üben, dann um die Wette!

In Staffeln und anderen Wettspielen werden Handlungen unter großem Zeitdruck ausgeführt. Hierbei kann viel schief gehen. Das kann lustig aber auch peinlich sein. Den Spielenden sollte deswegen zunächst immer Zeit gegeben werden, die Staffel oder das Wettspiel mitsamt seinen möglichen Handlungen und Taktiken kurz einzuüben. Dies geht oft durch einen Probedurchgang am besten, bei dem es noch nicht wichtig ist, wer gewinnt und verliert. Grundregel: Erst in Ruhe üben, dann unter Zeit- und Wettkampfdruck ausführen.

4. Klares Spielende

Das Spielende sollte vorher klar bestimmt werden. Der Sieger muss eindeutig ermittelt werden. Da dies bei manchen Staffeln und Wettspielen nicht so einfach ist, sollten Spielleiter das Spielende so gestalten, dass sie dies sicher entscheiden können. Beispielsweise könnte eine Staffel erst gewonnen sein, wenn die Teilnehmer nach dem Absolvieren der eigentlichen Aufgabe noch alle im Schneidersitz sitzen müssen. So wird klarer sichtbar, welche Gruppe als erstes fertig ist. Auch stören fertige Spieler nicht die noch aktiven Läufer. In jedem Fall sollte nach einer Staffel Zeit eingeplant werden, um mögliche Konflikte zu klären. Oder es wird schnell ein neuer Durchgang inszeniert. Neue Spannung und Abwechslung kann schnell erzeugt werden, wenn die bestehende Staffel leicht variiert wird. Eine Variation einer bestehenden Staffelform ist immer leichter umzusetzen, als eine neue Staffel zu erklären.

5. Verschiedene Staffelformen

Die wichtigsten Möglichkeiten Staffeln zu organisieren, werden hier skizziert. Viele der nachfolgenden Staffelspiele können mit Hilfe dieser Formen an die räumlichen Situationen angepasst werden. Welche Aufstellungsform am geeignetsten ist, hängt von der Art der Belastung, der Aufgabenstellung, der Gruppengröße und den räumlichen Gegebenheiten ab.

Zudem gibt es eine Vielzahl von Staffeln, bei denen die Spieler Aufgaben lösen müssen, wie zum Beispiel ein Puzzle legen oder Memorypaare sammeln. Ein Vorteil liegt darin, dass nicht automatisch die physisch stärkste Mannschaft gewinnt, sondern dass Faktoren wie Geschicklichkeit, Cleverness, aber auch Zufall und Glück über Sieg und Niederlage entscheiden. Aufgrund des Platzmangels sind solche Staffelformen für den Klassenraum eher geeignet.

Umkehrstaffel

Alle Spieler starten auf einer Seite, müssen die gegenüberliegende Seite erreichen, indem sie um etwas herum laufen oder etwas berühren, und wieder zum Ausgangspunkt zurückkommen, um dort den nächsten Spieler abzuschlagen. Die Umkehrstaffel ist von allen Staffelformen am einfachsten zu organisieren. Auch ist stets die Kommunikation mit der Lerngruppe am einfachsten, weil alle Spieler auf einer Seite stehen und nicht im Raum verteilt sind.

Pendelstaffel

Jede Mannschaft wird in zwei gleichgroße Gruppen aufgeteilt, die sich gegenüber aufstellen. Die Staffel ist dann beendet, wenn jeder Spieler auf der gegenüberliegenden Spielseite steht oder wenn jeder Spieler eine bestimmte Streckenanzahl zurückgelegt hat. Haben die Mannschaften eine ungerade Teilnehmerzahl, muss am Startpunkt ein Spieler mehr stehen.

Als Variation gibt es die Diagonalstaffel. Hier stehen sich die beiden Mannschaftshälften diagonal gegenüber. Dies kann in kleinen Räumen Sinn machen. Die Spieler verschiedener Mannschaften müssen dann aber alle durch die Mitte laufen und hierbei aufeinander Rücksicht nehmen. Das kann bei schnellen Staffeln gefährlich sein, bei langsamen Staffeln aber auch eine lustige oder interessante Komponente darstellen.

Eckenstaffel

Bei der Eckenstaffel befinden sich die einzelnen Spieler einer Mannschaft in den Ecken des Klassenraums und laufen von dort zur nächsten Ecke. Sollen mehrere Runden hintereinander gespielt werden, muss daran gedacht werden, dass in der „Startecke“ zwei Spieler einer Mannschaft stehen. Dann kann die Eckenstaffeln nahezu endlos als Rundenstaffel fortgesetzt werden.

Nummernstaffel

In der Nummernstaffel erhält jeder Spieler einer Mannschaft eine Nummer oder einen Namen. Die Spieler müssen in dieser so bestimmten Reihenfolge starten. Vorbestimmte Laufwege müssen nicht zwangsläufig gegeben sein. Diese Staffelform eignet sich sehr gut, wenn die Spieler etwas aus einem Feld holen müssen oder etwas suchen sollen.

SCHARADE

SPIELERZAHL: 10 bis 40

SPIELDAUER: ab ca. 10 Min.

MATERIAL: für jeden Spieler eine Begriffskarte

SPIELIDEE UND GRUNDREGELN:

Pro Mannschaft werden jeweils so viele Karten auf die gegenüberliegende Seite gelegt, wie es Spieler gibt. Die Startspieler hüpfen auf die andere Seite, ziehen die oberste Begriffskarte, kehren zu ihrer Gruppe zurück und erklären ihr den jeweiligen Begriff pantomimisch. Wird der Begriff erraten, darf der nächste Spieler starten.

HINWEISE ZUR ORGANISATION, METHODIK UND SICHERHEIT:

Umkehrstaffel

VARIATIONEN:

- Tabu: Die Wörter müssen mit Worten umschrieben und erklärt werden.
- Zeichnen: Der Begriff wird gemalt.

FUSS-ZU-FUSS-STAFFEL

SPIELERZAHL: beliebig

SPIELDAUER: ab 5 bis 10 Min.

MATERIAL: ein Tennisball oder Ähnliches für jede Gruppe

SPIELIDEE UND GRUNDREGELN:

Zwei oder mehr Mannschaften spielen gegeneinander. Die Spieler einer Mannschaft sitzen in einer Stuhlreihe nebeneinander. Die Startspieler jeder Mannschaft bekommen einen Tennisball, legen ihn auf die Oberseite ihrer Füße und geben ihn – ohne die Hände zu benutzen – an den Nebenmann weiter. So wandert der Ball von Fußpaar zu Fußpaar weiter. Bei welcher Mannschaft erreicht er auf diese Weise zuerst das Ende? Fällt der Ball herunter, darf ihn der Spieler, bei dem dieses passiert, aufheben und wieder auf seine Füße legen, oder es muss von vorne begonnen werden.

HINWEISE ZUR ORGANISATION, METHODIK UND SICHERHEIT:

Stuhlreihen

Würfel-Staffel

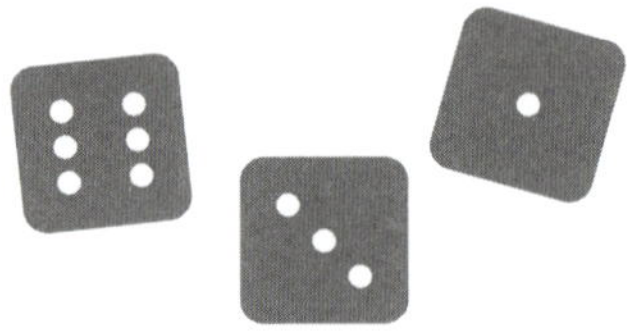

SPIELERZAHL: 10 bis 40

SPIELDAUER: ab ca. 10 Min.

MATERIAL: für jede Mannschaft einen Würfel

SPIELIDEE UND GRUNDREGELN:

Zwei oder mehr Mannschaften würfeln gegeneinander. Zu Beginn wird eine bestimmte Punktzahl, z. B. 40, festgelegt. Die Startspieler würfeln, hüpfen, krabbeln oder laufen zur gegenüberliegenden Seite und wieder zurück. Anschließend schlagen sie den nächsten Spieler ihrer Mannschaft ab. Dieser würfelt, addiert laut die Punkte und absolviert die Strecke. Die Mannschaft, die als erste genau 40 würfelt, gewinnt. Würfelt man über die 40 hinaus, wird der Wurf wieder subtrahiert.

HINWEISE ZUR ORGANISATION, METHODIK UND SICHERHEIT:

Umkehrstaffel

VARIATIONEN:

- Gespielt wird mit 2 Würfeln, einer bestimmt zusätzlich die Fortbewegungsart (z. B. 1: Krabbeln…)
- Würfel-Dart: Wie beim Dart wird von einer vorher festgelegten Zahl, z. B. 51, rückwärts auf 0 gewürfelt. Jede gewürfelte Zahl wird subtrahiert.

Bierdeckel-Staffel

SPIELERZAHL: 10 bis 40

SPIELDAUER: ab ca. 10 Min.

MATERIAL: Bierdeckel (für jede Mannschaft mindestens drei, besser ein paar Ersatzbierdeckel

SPIELIDEE UND GRUNDREGELN:

Jede Gruppe bekommt drei Bierdeckel. Die Startspieler beginnen. Sie dürfen nur auf die Bierdeckel treten, um vorwärts zu kommen, das bedeutet, dass sie immer wieder einen Bierdeckel von hinten wieder vorne auslegen müssen.

HINWEISE ZUR ORGANISATION, METHODIK UND SICHERHEIT:

Pendelstaffel

WANDERBALL

SPIELERZAHL: 10 bis 40

SPIELDAUER: ab 10 Min.

MATERIAL: ein Ball für jede Mannschaft

SPIELIDEE UND GRUNDREGELN:

Die Spieler einer Mannschaft stehen in einer Reihe hintereinander, ein Ball wird über Kopf an den Hintermann weiter gegeben. Der letzte Spieler der Reihe läuft mit dem Ball nach vorne und gibt den Ball wieder über Kopf weiter. Sieger ist die Mannschaft, die als erste wieder in der Ausgangsposition steht.

HINWEISE ZUR ORGANISATION, METHODIK UND SICHERHEIT:

Reihe

VARIATIONEN:

- den Ball durch alle gegrätschten Beine rollen
- den Ball seitlich mit einer Körperdrehung im Wechsel links und rechts herum weitergeben

PAAR-BLEISTIFTTRANSPORT

SPIELERZAHL: beliebig

SPIELDAUER: ab ca. 5 bis 10 Min.

MATERIAL: ein Bleistift für jede Mannschaft

SPIELIDEE UND GRUNDREGELN:

Paarweise muss ein Bleistift zwischen den Zeigefingern transportiert werden, ohne dass er herunterfällt. Es können auch Zusatzaufgaben gestellt werden, wie zum Beispiel während des Transports einmal in die Hocke gehen oder über zwei Stühle klettern.

HINWEISE ZUR ORGANISATION, METHODIK UND SICHERHEIT:

Pendelstaffel oder Wettrennen

VARIATION:

Ein Bleistift muss mit Hilfe zweier anderer Bleistifte weitergegeben werden. Jeder Spieler hat in jeder Hand einen Bleistift, ein dritter Stift muss jetzt weitergegeben werden und darf nicht herunter fallen. Oder: Die drei Bleistifte müssen gemeinsam von Spieler zu Spieler weitergegeben werden.

Buchtransport

SPIELERZAHL: beliebig

SPIELDAUER: ab ca. 5 bis 10 Min.

MATERIAL: ein altes Buch für jede Mannschaft.
Es sollte möglichst das gleiche Buch sein.

SPIELIDEE UND GRUNDREGELN:

Als Pendelstaffel: Die Startspieler jeder Mannschaft bekommen ein Buch. Dieses legen sie sich auf den Kopf und transportieren es ohne Zuhilfenahme der Hände zu ihrem Gegenüber. Falls das Buch anfängt zu rutschen, darf es nicht festgehalten werden. Erst wenn es runter gefallen ist, darf es wieder auf den Kopf gelegt werden. Hierbei muss der Spieler stehenbleiben und darf nicht weitergehen.

HINWEISE ZUR ORGANISATION, METHODIK UND SICHERHEIT:

Pendelstaffel

VARIATIONEN:

Selbstverständlich können auch weitere Gegenstände transportiert werden: Hierfür bieten sich viele Dinge an, z. B. Plastikeier oder Tischtennisbälle auf einem Löffel, Becher auf dem Kopf, ein Stift auf der Handfläche. Die Gegenstände sollten so gewählt werden, dass es mehr um Geschicklichkeit als nur um Schnelligkeit geht, da in der Klasse eben nicht sehr schnell, sondern nur der Aufgabe angemessen gelaufen werden soll.

Reise der Streichholzschachtel

SPIELERZAHL: beliebig

SPIELDAUER: ab 5 Min.

MATERIAL: für jede Mannschaft eine leere Streichholzschachtel

SPIELIDEE UND GRUNDREGELN:

Eine Streichholzschachtel muss ohne Zuhilfenahme der Hände von Nase zu Nase weiter gegeben werden. Dies kann sitzend auf Stühlen oder mit etwas Bewegung in einer Pendel- oder Umkehrstaffel erfolgen.

HINWEISE ZUR ORGANISATION, METHODIK UND SICHERHEIT:

Stuhlreihe

Klemmball

SPIELERZAHL: beliebig

SPIELDAUER: ab 5 Min.

MATERIAL: ein Ball für jede Mannschaft

SPIELIDEE UND GRUNDREGELN:

Alle Spieler einer Mannschaft sitzen hintereinander. Die Startspieler klemmen sich einen Ball zwischen die Füße und geben diesen, ohne die Hände zu benutzen, an den nächsten Spieler weiter. Dieser dreht sich um 180°, um den Ball dem dritten Spieler übergeben zu können. Ist der Ball am Ende der Reihe angekommen, geht es in umgekehrter Reihenfolge wieder zurück. Bei welcher Mannschaft ist der Ball auf diese Weise zuerst wieder am Ausgangspunkt?

HINWEISE ZUR ORGANISATION, METHODIK UND SICHERHEIT:

Stuhlreihe

Kreis-Transportstaffeln

SPIELERZAHL: 10 bis 40

SPIELDAUER: ab ca. 5 bis 10 Min.

MATERIAL: entsprechende Gegenstände für jede Mannschaft

SPIELIDEE UND GRUNDREGELN:

Auch im Kreis können Staffeln und Transportstaffeln gespielt werden. Hierfür bieten sich verschiedene Gegenstände an: ein Radiergummi von Handrücken zu Handrücken, mit einem Strohhalm ein Stück Papier ansaugen und weitergeben, ein Stück Würfelzucker von Löffel zu Löffel oder ein zwischen die Füße geklemmter Ball.

Soll in einem Kreis gespielt werden, sollten die Spieler abwechselnd einer Mannschaft zugeordnet werden (zum Beispiel durch Abzählen). Gestartet wird auf jeweils gegenüberliegenden Seiten, sodass sich die Spielenden möglichst nicht behindern. Gewonnen hat, wer als erstes einen Gegenstand wieder zum Startspieler transportiert hat, oder wenn es über mehrere Runden gehen soll, welcher Gegenstand ggf. den anderen einholt.

Ebenso können aber auch mehrere Kreise gebildet werden, in denen dann jeweils nur eine Mannschaft steht oder sitzt. Die Kreise spielen dann gegeneinander.

HINWEISE ZUR ORGANISATION, METHODIK UND SICHERHEIT:

Stuhlkreis oder am Tisch

Flaschentransport

SPIELERZAHL: beliebig

SPIELDAUER: ab 5 bis 10 Min.

MATERIAL: eine leere Plastikflasche für jedes Team

SPIELIDEE UND GRUNDREGELN:

Zwei oder mehr Mannschaften spielen gegeneinander. Als Pendel- oder Umkehrstaffel müssen die Spieler sich eine leere Plastikflasche zwischen die Beine klemmen und auf die andere Seite hüpfen, ohne die Flasche zu verlieren.

Besenstaffel

SPIELERZAHL: beliebig

SPIELDAUER: ab 5 bis 10 Min.

MATERIAL: für jede Mannschaft einen Besen und einen Ball

SPIELIDEE UND GRUNDREGELN:

Zwei oder mehr Mannschaften spielen gegeneinander. Als Pendel- oder Umkehrstaffel müssen die Spieler einen Ball mit einem Besen auf die andere Seite schieben.

Löffelstaffel

SPIELERZAHL: beliebig

SPIELDAUER: ab 5 bis 10 Min.

MATERIAL: für jeden Spieler einen Löffel und einen Tischtennisball, ggf. Reservebälle

SPIELIDEE UND GRUNDREGELN:

Zwei oder mehr Mannschaften spielen in einer Pendel- oder Umkehrstaffel gegeneinander. Die Startspieler haben einen Löffel im Mund und müssen darauf einen Tischtennisball zur anderen Seite oder um einen Umkehrpunkt transportieren. Dort kann der Tischtennisball ohne Einsatz der Hände an den nächsten Spieler übergeben werden – leichter ist es mit Händen.

BINGO

SPIELERZAHL: 10 bis 60

SPIELDAUER: ab 10 Minuten

MATERIAL: für jede Mannschaft ein Bingo-Spielbrett, entsprechende Bingo-Kärtchen

SPIELIDEE UND GRUNDREGELN:

Zwei oder mehr Mannschaften spielen Bingo gegeneinander. Jede Mannschaft bekommt ein Bingo-Spielbrett mit Zahlen, Buchstaben, Bildern oder Wörtern. Auf der gegenüberliegenden Seite liegen verdeckt und vermischt viele Bingo-Kärtchen. Jeder Spieler bringt eine Karte zu seiner Mannschaft und schlägt anschließend den nächsten Spieler ab. Welche Mannschaft zuerst ihr Bingo-Spielbrett komplett hat, gewinnt.

HINWEIS ZUR ORGANISATION:

Umkehrstaffel

VARIATION:

Wer zuerst eine Reihe voll hat, gewinnt.

PUZZLE-STAFFEL

SPIELERZAHL: 10 bis 40

SPIELDAUER: ab 10 Min.

MATERIAL: für jede Mannschaft ein Puzzle mit mindestens 20 Teilen

SPIELIDEE UND GRUNDREGELN:

Zwei oder mehr Mannschaften spielen gegeneinander. Die jeweiligen Startspieler hüpfen bis zur Wendemarke, heben dort ein Puzzleteil auf, bringen es zu ihrer Mannschaft und schlagen den nächsten Spieler ab. Alle übrigen Spieler, die nicht hüpfen, setzen das Puzzle zusammen. Die Mannschaft, die das Puzzle zuerst fertig gestellt hat, ist Sieger.

HINWEISE ZUR ORGANISATION, METHODIK UND SICHERHEIT:

Umkehrstaffel, für jede Mannschaft wird ein Puzzle auf die gegenüberliegende Seite gelegt.

VARIATIONEN:

- mit einem Partner zusammen die andere Seite erreichen
- andere Formen der Fortbewegung durchführen

Kartenstaffel

SPIELERZAHL: 10 bis 40

SPIELDAUER: ab ca. 10 Min.

MATERIAL: 1 Skatspiel

SPIELIDEE UND GRUNDREGELN:

Maximal vier Mannschaften spielen gegeneinander. Ein komplettes Skatspiel, mit Ausnahme der Asse, wird auf einer Klassenraumseite verdeckt und gemischt verteilt. Jede Mannschaft zieht zu Beginn des Spiels ein Ass, welches die Farbe der zu suchenden Spielkarten bestimmt. Auf Kommando hüpfen die Startspieler auf die andere Seite und drehen eine beliebige Karte um. Wenn diese Karte die Mannschaftsfarbe hat, darf sie mitgenommen werden. Wenn nicht, muss sie wieder umgedreht werden. Gewonnen hat die Mannschaft, die zuerst alle Karten ihrer Farbe gesammelt hat.

HINWEIS ZUR ORGANISATION:

Umkehrstaffel

VARIATIONEN:

- Fortbewegungsart ändern
- Spielen drei Mannschaften gegeneinander, gibt es eine Farbe, die keinem gehört. Dadurch dauert das Spiel etwas länger.

Verkleidungsstaffel

SPIELERZAHL: beliebig

SPIELDAUER: ab 5–10 Min.

MATERIAL: je nach Anzahl der Teams verschieden viele, gleichartige Verkleidungsutensilien

SPIELIDEE UND GRUNDREGELN:

Nicht nur zum Fasching kann eine Verkleidungsstaffel gespielt werden. Hierzu spielen zwei oder mehr Mannschaften in Form einer Pendel- oder Umkehrstaffel gegeneinander. Die Spieler müssen sich vor dem jeweiligen Laufen verschiedene (alte) Kleidungsstücke anziehen. Je nach Jahreszeit oder Anlass können diese auch thematisch gewählt werden. Beispiele:
Winter: dicker Pullover, Mütze, Schal, Handschuhe, große Wollsocken
Sommer: große Badehose, Taucherbrille, alte Flossen, Handtuch
Fasching: großes Beinkleid, großes Hemd, Clownsnase oder Piratenklappe

Wetten, dass ...!

SPIELERZAHL: 10 bis 40

SPIELDAUER: je Durchgang ca. 2 Min.

MATERIAL: je nach Anzahl der Spieler 20 bis 40 Softtennisbälle oder Zeitungspapierbälle

SPIELIDEE UND GRUNDREGELN:

„Wetten, dass ich die Bälle aus der Kiste schneller heraus werfen kann, als ihr sie wieder einsammeln könnt!“ So könnte die Wette des Spielleiters beim ersten Durchgang lauten. Danach können 2 oder 3 Spieler je Durchgang an seine Stelle treten.
Die Wette besteht darin, dass einer oder einige wenige versuchen, viele Bälle aus einer Kiste heraus zu werfen, bis diese für mindestens 1 Sekunde ganz leer ist. Dabei darf stets nur ein Ball in eine Hand genommen werden. Alle anderen Spieler sammeln die Bälle wieder ein. Wenn es nach einer bestimmten Zeit (1 oder 2 Minuten) nicht gelungen ist, gilt die Wette als verloren und die Spieler haben gewonnen.

HINWEISE ZUR ORGANISATION, METHODIK UND SICHERHEIT:

Werfer und Läufer dürfen sich gegenseitig nicht behindern. Auch darf die Kiste nicht abgedeckt werden.

VARIATION:

Auch die Läufer dürfen immer nur einen Ball holen.

Diamantenfieber

SPIELERZAHL: 16 bis 40

SPIELDAUER: ca. 5 bis 15 Min. (je nach Anzahl der Karten und Durchgänge)

MATERIAL: 100–200 Memorykarten

SPIELIDEE UND GRUNDREGELN:

Vier Mannschaften spielen gegeneinander. Auf der gegenüberliegenden Seite befinden sich verdeckt 100–200 Memorykarten. Alle Spieler laufen nach dem Startkommando auf die gegenüberliegende Seite, nehmen eine Memorykarte (ohne sie umzudrehen) und bringen sie auf die andere Seite. Anschließend starten sie erneut. Sobald die Diamantenhöhle leer ist, zählt jede Mannschaft die Paare, die sich aus den gesammelten Karten bilden lassen. Wer hat die meisten Paare?

Darstell-, Klatsch-, Tanz- und Singspiele sind klassische Spiele für den Klassenraum. Sie benötigen meist keine Materialien und sind schnell und situativ sehr gut einsetzbar. Der gemeinsame Rhythmus bei Klatsch-, Tanz- und Singspielen ist gemeinschaftsstiftend und macht in der Gruppe einfach am meisten Spaß – auch wenn es mal nicht sofort oder richtig klappt. Auch Lehrer oder Übungsleiter, die wenig Erfahrung mit Klatsch-, Tanz- oder Singspielen haben, sollten sich diese zutrauen. Man muss hierfür weder perfekt singen noch gut tanzen können. Entscheidend ist vielmehr die Freude an der Bewegung und dem gemeinsamen Tun.

Darstellspiele sind lustig und fördern die Kreativität. Die Freude am Ausdruck sollte stets im Mittelpunkt stehen. Keinesfalls geht es um die „richtige Darstellung". Der Vampir schreit gruselig und dies kann auf ganz unterschiedliche Weise geschehen. Der Toast hüpft im Toaster, wie er das tut, bleibt der Kreativität der Spielenden überlassen. In Gruppen, die Darstellspiele nicht gewohnt sind, sollten Spiele gewählt werden, bei denen möglichst viele oder alle Spieler aktiv sind (z. B. Kuhstall, Vampire in der Nacht, Stopp die Maschine!). So fühlen sich die Spieler nicht zu sehr beobachtet. Erst wenn die Gruppe durch etwas Übung Sicherheit gewonnen hat, bieten sich Spielformen an, bei denen einzelne Spieler im Fokus der Aufmerksamkeit stehen (z. B. Pantomime, Tagesschau).

Stuhltanz

SPIELERZAHL: 10 bis 30

SPIELDAUER: ca. 5 bis 10 Min.

MATERIAL: Musik, für jeden Spieler einen Stuhl

SPIELIDEE UND GRUNDREGELN:

Alle Spieler bewegen sich zur Musik an und mit ihrem Stuhl. Die Spielleiterin gibt die Bewegungsformen durch Vormachen vor, z. B.

- an der Stuhllehne festhalten und auf der Stelle gehen
- um den Stuhl herumgehen
- an der Stuhllehne festhalten und um den Stuhl herumgehen
- abwechselnd das rechte und das linke Bein über die Stuhllehne führen
- sich auf die Sitzfläche stellen und gehen
- sich auf die Sitzfläche stellen und drehen
- auf dem Stuhl sitzen und die Beine abwechselnd strecken
- den Stuhl mit den Händen drehen
- den Stuhl hochhalten, Arme beugen und strecken

Stopp die Maschine!

SPIELERZAHL: 10 bis 30

SPIELDAUER: ca. 5 bis 15 Min.

MATERIAL: kein

SPIELIDEE UND GRUNDREGELN:

1–3 Spieler, die Ingenieure, werden vor die Tür geschickt oder müssen sich entfernt von den restlichen Spielern aufhalten. Die Gruppe stellt nun eine Maschine dar, die durch wilde Bewegungen und Geräusche völlig außer Kontrolle geraten ist. Jeder Spieler macht hierzu typische Bewegungen einer Maschine, z. B. Körperteile hin und her bewegen, drehen usw. und Geräusche wie Pfeifen, Rasseln, Stampfen usw. Die Darsteller der Maschine überlegen nun einen (ggf. auch mehrere) Ausschalter, der bei Berührung die ganze Maschine zum Stillstand bringt. Anschließend werden die Ingenieure hereingerufen. Sie müssen durch Ausprobieren die Berührung finden, die die Maschine ausschaltet. Das kann eine Berührung am Ohr (einer bestimmten Person oder egal bei wem) oder zum Beispiel auch Streicheln des rechten Knies sein. Die Aufgabe sollte aber lösbar sein. Können die Ingenieure die Maschine nach einer festgelegten Zeit (1 bis 2 Minuten) stoppen, haben sie gewonnen.

HINWEISE ZUR ORGANISATION, METHODIK UND SICHERHEIT:

Wichtig ist, dass die Spieler sich Bewegungen aussuchen, die sie auch 2 Minuten durchführen können, z. B. mit den Beinen im Liegen Fahrrad fahren, einen Arm oder eine Hand drehen, mit dem Fuß aufstampfen usw. Ungünstig sind Bewegungen wie Kopfrollen.

Strandspaziergang

SPIELERZAHL: 10 bis 40

SPIELDAUER: ca. 5 Min.

MATERIAL: kein

SPIELIDEE UND GRUNDREGELN:

Die Spielleiterin erzählt eine Geschichte, die von Menschen handelt, die am Strand spazieren gehen. Alle Mitspieler spielen das nach, was der Erzähler sagt, z. B. gehen, hüpfen, laufen, Hose aufkrempeln, jemand anderen Huckepack tragen oder schwimmen. Fällt das Wort „Ebbe“ müssen sich alle Spieler flach auf den Boden legen. Fällt das Wort „Flut“ müssen alle Spieler schnell vom Boden wegkommen, also auf Stühle oder Tische steigen. Der Spieler, der zuletzt den Boden verlässt oder zuletzt liegt, bekommt einen Minuspunkt.

TOASTER

SPIELERZAHL: ca. 15 bis 30
SPIELDAUER: ab 5 Min.
MATERIAL: kein

SPIELIDEE UND GRUNDREGELN:

Alle Spieler stehen oder sitzen im Kreis. Einer von ihnen steht in der Mitte und zeigt auf einen Spieler im Kreis. Nun müssen dieser Spieler und seine beiden Nachbarn, stets zu dritt, ein Bild darstellen, welches ihnen vom Mittelspieler zugerufen wird. Macht ein Spieler dabei einen Fehler, muss dieser in die Mitte. Folgende Bilder könnten dargestellt werden:

- Toaster: Linker und rechter Nachbar fassen sich an beiden Händen. Der mittlere Spieler springt als Toast zwischen den Händen auf und ab.
- Hase: Der mittlere Spieler zeigt seine Ohren und Zähne. Die Nachbarn scharren mit den Füßen.
- Mixer: Der mittlere Spieler streckt beide Arme seitlich-hoch aus und zeigt mit den Zeigefingern nach unten. Seine Nachbarn stellen sich unter die ausgestreckten Arme und drehen sich im Kreis.
- Waschmaschine: Der mittlere Spieler bückt sich leicht und dreht den Kopf – die Nachbarn bilden mit ihren Armen die Waschmaschine
- Elefant: Der mittlere Spieler fasst sich mit einer Hand an die Nase und führt den anderen Arm als Rüssel durch die entstandene Schlaufe. Seine Nachbarn stellen mit ihren Armen die Ohren dar.
- Stewardess: Der mittlere Spieler grüßt und winkt – die Nachbarn zeigen auf die Gangway.
- Schlange: Der mittlere Spieler züngelt wie eine Schlange – die Nachbarn schlängeln sich an der Mitte hoch.
- Affe: Der mittlere Spieler trommelt sich auf die Brust – die Nachbarn kratzen sich unter den Armen.
- Schlittenhund: Der mittlere Spieler hechelt wie ein Hund – die Nachbarn heben das Bein zum Pinkeln.
- Palme: Der mittlere Spieler ist der Baumstamm und streckt die Arme in die Luft – seine Nachbarn sind die sich im Wind bewegenden Palmblätter.
- Paparazzi: Der mittlere Spieler grinst in die Kamera – die Nachbarn knien nieder und fotografieren mit einer imaginären Kamera

HINWEISE ZUR ORGANISATION, METHODIK UND SICHERHEIT:

In der Regel sollten zu Beginn zunächst drei oder vier Bilder eingeführt werden. Später sollten nach einer gewissen Spielzeit weitere Ideen der TN aufgegriffen und in das Spiel integriert werden. Da es dann zu vielen Verwechslungen kommt, wird es schwieriger, aber auch lustiger.

VARIATION:
Auch viele andere Dinge oder Tiere sind möglich, die man zu dritt gut darstellen kann. Hier ist der Fantasie keine Grenze gesetzt.

Lieder raten

SPIELERZAHL: ca. 10 bis 40
SPIELDAUER: ab 5 Min.
MATERIAL: kein

SPIELIDEE UND GRUNDREGELN:
Zwei Mannschaften spielen gegeneinander. Jede Mannschaft denkt sich ein Lied aus (geheim), das es anschließend der gegnerischen Mannschaft gemeinsam vorklatscht. Errät die andere Mannschaft das Lied, bekommen die „Klatscher" einen Punkt. Anschließend klatscht die andere Mannschaft. Wer hat am Ende die meisten Punkte?

VARIATION:
Summen statt Klatschen.

Wechselbad der Gefühle

SPIELERZAHL: ca. 10 bis 30
SPIELDAUER: ab 2Min.
MATERIAL: kein

SPIELIDEE UND GRUNDREGELN:
Das Spielfeld wird in vier Teile aufgeteilt und jedem Bereich wird ein Gefühl zugewiesen, beispielsweise Angst, Freude, Ärger oder Trauer. Die Spieler bewegen sich durch den Raum und stellen mit dem Überschreiten der Grenze schlagartig die neue Emotion dar.

VARIATION:
Länderreise: Der Klassenraum ist in 4 Länder eingeteilt. In jedem Land leben andere Tiere. Die Spieler wechseln von Land zu Land und bewegen sich entsprechend.

Vampire in der Nacht

SPIELERZAHL: 10 bis 40

SPIELDAUER: ca. 5 bis 10 Min.

MATERIAL: kein

SPIELIDEE UND GRUNDREGELN:

Mit einer kurzen Geschichte leitet der Spielleiter das Spiel ein, dann schlägt die Turmuhr Mitternacht und die Stunde der Vampire beginnt. Alle Spieler gehen langsam mit geschlossenen Augen durch den Raum. Der Spielleiter bestimmt leise einen Spieler als Vampir und jetzt beginnt die Nacht der Vampire. Treffen die Spieler aufeinander, schreien sie immer sehr laut: Die Menschen kreischen ängstlich aber laut vor Schreck – die Vampire brüllen gruselig und blutrünstig. Auf diese Weise können sich alle Spieler in ihren Rollen stets mit geschlossenen Augen erkennen, gleichgültig ob sie Mensch oder Vampir sind. Wichtig ist:

Trifft ein Mensch auf einen Menschen, passiert nichts, beide bleiben Menschen.

Trifft ein Mensch auf einen Vampir, wird auch der Mensch zum Vampir.

Treffen zwei Vampire aufeinander, werden beide wieder zu Menschen.

Wenn die Turmuhr wieder schlägt, endet die Nacht und alle Vampire werden durch die Sonne wieder in Menschen zurückverwandelt.

HINWEISE ZUR ORGANISATION, METHODIK UND SICHERHEIT:

In der Regel gehen die Spieler stets dorthin, wo es am lautesten ist, sodass kaum Gefahren für die blinden Spieler bestehen. Manchmal wandern aber einige Spieler orientierungslos durch den Klassenraum. Hier muss der Spielleiter aufpassen, diese vor Gefahren schützen und sie vorsichtig wieder in das Spielgeschehen leiten.

Musikstopp/Salzsäule

SPIELERZAHL: beliebig

SPIELDAUER: ca. 5 Min.

MATERIAL: Musik

SPIELIDEE UND GRUNDREGELN:

Die Spieler tanzen und bewegen sich zur Musik. Sobald die Musik stoppt, erstarren sie in ihrer momentanen Position so lange zur Salzsäule, bis die Musik wieder einsetzt.

SITZBOOGIE

SPIELERZAHL: ca. 10 bis 40

SPIELDAUER: ab 5 Min.

MATERIAL: Musik

SPIELIDEE UND GRUNDREGELN:

Alle Spieler sitzen so eng im Stuhlkreis, dass sie mit ihrer linken Hand bis zum linken Oberschenkel ihres linken Nachbarn und mit ihrer rechten Hand bis zum rechten Oberschenkel ihres rechten Nachbarn reichen können. Zur Musik zeigt die Spielleiterin die entsprechenden Bewegungen an:

Alle Spieler klatschen mit beiden Händen zum Beispiel so:

- zweimal auf die eigenen Oberschenkel, zweimal auf die Oberschenkel des linken Nachbarn, zweimal auf die eigenen Oberschenkel, zweimal auf die Oberschenkel des rechten Spielers
- zweimal auf die eigenen Oberschenkel, zweimal in die Hände klatschen, im Wechsel auf die Oberschenkel und in die Hände klatschen (viermal), anschließend wieder von vorn

oder machen die folgenden Bewegungen:

- (1) mit den Händen auf die Oberschenkel klatschen, (2) in die Hände klatschen, (3) mit den Fingern der rechten Hand schnipsen, (4) mit den Fingern der linken Hand schnipsen
- (1,2) beide Arme zweimal links nach unten stoßen, (3,4) beide Arme zweimal rechts nach unten stoßen
- (1,2) mit beiden Füßen stampfen, (3,4) beide Arme nach oben strecken und die Hände drehen
- (1,2) aufstehen, (3,4) hinsetzen

PANTOMIME

SPIELERZAHL: 10 bis 40

SPIELDAUER: ab 5 Min.

MATERIAL: Bildkarten oder Karten mit Begriffen

SPIELIDEE UND GRUNDREGELN:

Die Spieler gehen in mehrere kleine Gruppen zusammen. Die Spielleiterin hat auf Karten Begriffe vorbereitet oder entsprechende Bildkarten mitgebracht. Ein Spieler jeder Gruppe zieht eine Karte und stellt pantomimisch seiner Gruppe den Begriff vor. Wer richtig geraten hat, ist als Nächster an der Reihe.

VARIATIONEN:

- Auf Zeit gegeneinander: Jede Gruppe bekommt die gleiche Anzahl an Begriffen. Wer hat zuerst alle Begriffe erraten?
- Die Gruppen denken sich selbst aus, was sie darstellen möchten, beispielsweise „Seil springen ohne Seil“, „Basketball ohne Ball“. Die anderen Gruppen müssen es erraten.
- Alle Spieler stehen im Kreis. Ein Spieler beginnt und stellt pantomimisch den Anfang einer Geschichte dar, z. B. Aufstehen am Morgen. Alle anderen Spieler machen die Bewegung nach. Anschließend erzählt der nächste Spieler die Geschichte pantomimisch weiter, beispielsweise Zähne putzen. Das Spiel ist beendet, sobald der letzte Spieler seinen Teil der Geschichte erzählt hat.

BEWEGUNGSKANON: WIR SIND GUT DRAUF!

SPIELERZAHL: beliebig

SPIELDAUER: ca. 2 bis 5 Min.

MATERIAL: kein

SPIELIDEE UND GRUNDREGELN:

Zunächst werden die Bewegungsfolgen gemeinsam durchgeführt, ehe in vier Gruppen das ganze Stück als Kanon probiert werden kann:

- im Sitzen 4 x in die Hände klatschen
- im Sitzen 4 x auf die Oberschenkel schlagen
- im Sitzen 4 x rechts/links auf den Boden stampfen
- aufstehen und laut rufen: „Wir sind gut drauf!“ (Dabei die Arme/Hände weit nach oben recken!)

IF YOU'RE HAPPY

SPIELERZAHL: 10 bis 40

SPIELDAUER: ab 3 Min.

MATERIAL: kein

SPIELIDEE UND GRUNDREGELN:

Alle Spieler singen das englische Lied und führen dazu die entsprechenden Bewegungen aus:

- If you're happy and you know it, clap your hands – in die Hände klatschen
- If you're happy and you know it, slap your sides – Hände in die Hüften stemmen
- If you're happy and you know it, stamp your feet – stampfen
- If you're happy and you know it, snap your finger – mit den Fingern schnipsen
- If you're happy and you know it, sniff your nose – die Nase rümpfen
- If you're happy and you know it, shout „We are!" -- „We are" rufen
- If you're happy and you know it, do it all – alles hintereinander machen

KUHSTALL

SPIELERZAHL: beliebig ab 10

SPIELDAUER: ab 5 bis 15 Min.

MATERIAL: kein

SPIELIDEE UND GRUNDREGELN:

Alle Spieler bilden 3er-Gruppen. Hierbei sollten möglichst ein oder zwei Spieler übrig bleiben. Zunächst bilden die 3er-Gruppen einen Kuhstall. Hierbei ist einer die Kuh und die anderen beiden fassen sich an den Händen, nehmen die Kuh in ihre Mitte und bilden so den Stall.

Jetzt rufen die Übriggebliebenen entweder Kuh, Stall oder Kuhstall.

Bei „Kuh!" wechseln alle Kühe die Ställe. Die Ställe bleiben stehen.

Bei „Stall" wechseln alle Ställe ihren Platz. Die Kühe bleiben stehen.

Bei „Kuhstall!" dürfen alle Kühe und Ställe ihre Rollen wechseln und wieder neue Kuhställe mit Kühen bilden.

Bei jeder Aktivität versuchen die Spieler in der Mitte, schneller zu sein als die anderen und sich einen Platz als Kuh bzw. Stall zu sichern. Wer übrig bleibt, ruft das nächste Signal.

HINWEISE ZUR ORGANISATION, METHODIK UND SICHERHEIT:

Sollte sich die Anzahl der Spieler durch drei teilen lassen, spielt der Spielleiter einfach mit.

Marionettentheater

SPIELERZAHL: paarweise, nahezu unbegrenzt
SPIELDAUER: ca. 5 bis 10 Min.
MATERIAL: kein

SPIELIDEE UND GRUNDREGELN:

Die Spieler bilden Paare. Ein Spieler ist die Marionette, der andere der Marionettenspieler. Er kann die Marionette bewegen, indem er an imaginären Fäden zieht, die an Armen und Beinen befestigt sind. Die Marionette legt sich auf den Boden, die Marionettenspieler versuchen, sie aufstehen zu lassen. Oder aber die Marionette steht und soll hingelegt werden.

Laurenzia

SPIELERZAHL: beliebig
SPIELDAUER: ca. 5 Min.
MATERIAL: kein

SPIELIDEE UND GRUNDREGELN:

Alle Spieler halten sich an den Händen, bewegen sich im Kreis und singen gemeinsam das Lied „Laurenzia, liebe Laurenzia mein, wann werden wir wieder beisammen sein."

Die erste Strophe geht folgendermaßen: „Laurenzia, liebe Laurenzia mein, wann werden wir wieder beisammen sein? Am Montag. Ach, wenn es doch erst wieder Montag wär und ich bei meiner Laurenzia wär, Laurenzia wär."

Die zweite entsprechend, nur dass statt Montag Dienstag eingesetzt wird. Dann heißt es: „Ach wenn es doch erst wieder Montag, Dienstag wär und ich bei meiner Laurenzia wär, Laurenzia wär."

So werden der Reihe nach alle Wochentage besungen, bis es am Ende heißt:

„Laurenzia, liebe Laurenzia mein, wann werden wir wieder beisammen sein? Am Sonntag. Ach, wenn es doch erst wieder Montag, Dienstag, Mittwoch, Donnerstag, Freitag, Samstag, Sonntag wär und ich bei meiner Laurenzia wär, Laurenzia wär."

Immer wenn der Name „Laurenzia" oder ein Wochentag genannt werden, gehen alle Spieler einmal in die Knie.

VARIATION:
Die Wochentage rückwärts nennen.

Spiele mit Bällen sind bei Kindern und Jugendlichen äußerst beliebt – Klassenräume sind hierfür aber zu klein. Zudem besteht die Gefahr, dass durch umherfliegende Bälle Gegenstände in Mitleidenschaft gezogen werden. Luftballons bieten hier eine gute Alternative. Sie sind leicht, fliegen nicht weit und durch ihre unvorhersehbaren Flugkurven entstehen lustige und eher zufällige Spielsituationen. Luftballons können jedoch leicht platzen, weshalb stets mehrere Ersatzballons bereit stehen sollten.

Auch mit Softbällen und kleinen Bällen sind manche Ballspiele in der Klasse gut durchführbar. Hierfür wird allerdings manchmal etwas mehr Platz im Kreis oder in der Klasse benötigt, sodass gegebenenfalls Tische und Stühle an die Seite geräumt werden sollten. Wer sich traut, auch mal Ballspiele in der Klasse durchzuführen, wird mit viel Freude der Spielenden belohnt werden.

BLINDENFUSSBALL/TIPPKICK

SPIELERZAHL: 8 bis 32

SPIELDAUER: ab ca. 10 Min.

MATERIAL: Augenbinden oder Tücher, ein oder zwei weiche Bälle

SPIELIDEE UND GRUNDREGELN:

Zwei Mannschaften spielen gegeneinander. In jeder Mannschaft werden Paare gebildet. Einer spielt blind, der andere versucht, diesen durch Zurufen von der Seite oder gegebenenfalls auch von der Spielfläche aus zu lenken. In jedem Fall dürfen sich die Paare nicht berühren und die Sehenden dürfen sich auch nicht ins Spiel einmischen. Ein richtiges Fußballspiel kommt dabei selten zu Stande – aber in der Regel macht diese Spielform allen Beteiligten viel Spaß.

HINWEISE ZUR ORGANISATION, METHODIK UND SICHERHEIT:

Die Tore sollten niedrig aber breit sein, sodass „Bolzen“ nicht belohnt wird, aber viele Tore fallen (z. B. Bänke oder gedrehte Tische). Nach relativ kurzer Zeit (ca. 3 bis 5 Minuten) sollten die Rollen gewechselt werden, weil die Rolle des Blinden für viele Spieler sehr ungewohnt und anstrengend ist.

VARIATION:

Tippkick: Beim Tippkick ist auch wieder ein Partner des Paares blind. Die Paare dürfen nun aber nicht miteinander sprechen. Der Sehende versucht über taktile Signale (Schulter – rechts und links, Rücken – geradeaus gehen, Kopf – Schuss), den Spielenden zu steuern. Auch hier dürfen die Sehenden sich nicht in das Spiel einmischen, was manchen Spielern jedoch bei dieser Spielform schwer fällt.

Luftballon im Kreis

SPIELERZAHL: 10 bis 40

SPIELDAUER: ab 3 Min.

MATERIAL: für jeden Spieler einen Luftballon, 1 langes Seil

SPIELIDEE UND GRUNDREGELN:

Ein Seil wird als Kreis in der Mitte des Raumes auf den Boden gelegt. Jeder Spieler bläst einen Luftballon auf und legt ihn außerhalb des Kreises auf den Boden. Die Spieler versuchen nun, die Ballons mit den Füßen (in weiteren Durchgängen auch mit anderen Körperteilen) in den Kreis zu befördern.

VARIATION:

2 Mannschaften spielen gegeneinander. Jede Mannschaft bekommt eine eigene Luftballonfarbe. Welche Mannschaft hat nach Ablauf der Zeit die meisten Luftballons im Kreis?

Luftballonbett

SPIELERZAHL: 10 bis 40

SPIELDAUER: ab ca. 4 Min.

MATERIAL: Luftballons (pro Person ein Ballon, einige Ersatzballons), evtl. Augenbinden

SPIELIDEE UND GRUNDREGELN:

Alle Spieler haben einen aufgeblasenen Luftballon und bilden Kleingruppen von 4–5 Spielern. Ihre Aufgabe ist es, einen Spieler auf den gemeinsam zur Verfügung stehenden Luftballons mindestens fünf Sekunden lang so auszubalancieren, dass er den Boden nicht mehr berührt.

In einem zweiten Durchgang können sich dann zwei Kleingruppen zusammen finden und es sollen nunmehr zwei Personen auf den gemeinsamen Luftballons ausbalanciert werden.

VARIATIONEN:

- Die auf den Ballons auszubalancierenden Spieler sind „blind“.
- Die Gruppe erhält vier Luftballons pro Spieler und soll damit eine Unterlage konstruieren, die es allen erlaubt, sich darauf zu platzieren.

Luftballonwettrennen

SPIELERZAHL: 5 bis 30

SPIELDAUER: ab ca. 2 Min.

MATERIAL: für jeden Spieler einen Luftballon

SPIELIDEE UND GRUNDREGELN:

Alle Spieler stellen sich mit ihrem aufgeblasenen Luftballon an die Startlinie. Ziel ist es, den Ballon so schnell wie möglich über eine Ziellinie zu pusten. Wer die Hände oder Füße benutzt, wird disqualifiziert.

Luftballonköpfen

SPIELERZAHL: beliebig

SPIELDAUER: ab 5 bis 10 Min.

MATERIAL: Für jede Mannschaft einen Luftballon

SPIELIDEE UND GRUNDREGELN:

Die Startspieler jeder Mannschaft bekommen einen Luftballon und müssen diesen nach dem Startkommando ohne Zuhilfenahme der Hände zu ihrem nächsten Partner köpfen. Dieser übernimmt den Ballon und köpft ihn wieder zum nächsten Spieler seiner Mannschaft auf der anderen Seite.

HINWEISE ZUR ORGANISATION, METHODIK UND SICHERHEIT:

Pendelstaffel, ggf. Umkehrstaffel

VARIATION:

Nur mit den Oberschenkeln oder den Füßen spielen

Luftballons tauschen

SPIELERZAHL: beliebig

SPIELDAUER: ab ca. 2 Min.

MATERIAL: für jeden Spieler zwei farbige Luftballons

SPIELIDEE UND GRUNDREGELN:

Zwei Spieler stehen sich gegenüber. Einer hat unter jedem Arm einen aufgepusteten roten Luftballon und der andere unter jedem Arm einen aufgepusteten blauen Luftballon. Nun haben die beiden Spieler die Aufgabe, die Luftballons zu tauschen, sodass am Ende die andersfarbigen Ballons unter ihren eigenen Armen klemmen. Dabei dürfen die Luftballons nicht den Boden berühren.

Sitzvolleyball mit Luftballons

SPIELERZAHL: 12 bis 40

SPIELDAUER: ab 5 Min.

MATERIAL: für jede Mannschaft einen Luftballon

SPIELIDEE UND GRUNDREGELN:

Vier Mannschaften, die im Viereck auf Stühlen sitzen, spielen gegeneinander mit Luftballons. Jede Mannschaft hat zu Beginn des Spiels einen Ballon. Ziel ist es, den Luftballon so zu schlagen, dass er hinter einer gegnerischen Mannschaft auf den Boden fällt. Landet ein Luftballon innerhalb des Stuhlvierecks auf dem Boden, wird er aufgehoben und es wird weiter gespielt.

Der Ball darf nur mit einer Hand geschlagen werden und von einem Spieler nur einmal berührt werden. Landet der Luftballon hinter einer Mannschaft auf dem Boden, erhält diese einen Minuspunkt. Kein Spieler darf aufstehen, es sei denn, er holt einen Ballon aus der Mitte. Die Mannschaft mit den wenigsten Minuspunkten gewinnt.

VARIATION:

Luftballonduell: Zwei Mannschaften spielen gegeneinander. Jede Mannschaft steht auf einer Seite einer in Reichhöhe gespannten Zauberschnur. Jeder Spieler hält einen Luftballon in der Hand. Ziel ist es, die Luftballons so über die Schnur in das gegnerische Feld zu spielen, dass die gegnerische Mannschaft den Ballon nicht zurückspielen kann. Es verliert die Mannschaft, bei der zuerst ein Luftballon den Boden berührt oder unter dem Netz hindurch gespielt wird.

BALLONZAUBER

SPIELERZAHL: beliebig

SPIELDAUER: ab ca. 2 Min.

MATERIAL: für jeden Spieler einen Luftballon

SPIELIDEE UND GRUNDREGELN:

Jeder Spieler bekommt einen Luftballon.

- Alle Ballons werden auf dem Fußboden verteilt. Alle Spieler bewegen sich im Raum, ohne einen Luftballon zu berühren. Anschließend gibt der Spielleiter Körperteile vor, mit denen möglichst viele Ballons berührt werden sollen: rechte/linke Hand, rechter/linker Ellenbogen, rechte/linke Schulter, Nase, rechtes/linkes Knie, rechter/linker Fuß, Gesäß. Nun wird über die Luftballons gesprungen und danach – je nach Farbe und vorher festgelegt – rechts oder links herum gelaufen.
- Jeder Spieler treibt einen Luftballon vor sich her: mit dem linken/rechten Zeigefinger, mit der linken und rechten Schulter im Wechsel, mit dem Kopf, mit dem linken/rechten Fuß, mit dem linken/rechten Oberschenkel und anschließend in einer festgelegten Reihenfolge, z. B. dreimal Fuß, zweimal Kopf, einmal Finger.
- Die Spieler klemmen sich den Luftballon zwischen die Beine und laufen durcheinander im ganzen Raum, ohne den Ballon zu verlieren.
- Die Spieler spielen sich einen Luftballon paarweise mit der Hand zu und bewegen sich dabei im Raum. Auf Zuruf des Spielleiters wechselt entweder die Art des Zuspiels oder der Partner.
- Die Partner spielen sich jeweils 2 Ballons gleichzeitig zu.
- Immer zwei Spieler gehen zusammen, stellen sich Rücken an Rücken und klemmen einen Luftballon dazwischen. A geht vorwärts, B rückwärts. Anschließend wird die Richtung gewechselt. Danach wird der Luftballon zwischen den Bäuchen eingeklemmt. Beide Spieler drehen sich so einmal um sich selbst, dass der Luftballon nicht herunter fällt.

Ball über die Schnur im Sitzen

SPIELERZAHL: 10 bis 30

SPIELDAUER: ab ca. 5 Min.

MATERIAL: eine Zauberschnur oder ein Baustellenband als Netz, einen Ball, Luftballon, Tennisring oder ein Sandsäckchen

SPIELIDEE UND GRUNDREGELN:

Zwei Mannschaften spielen gegeneinander. Das Spielfeld wird durch eine ca. 1 Meter hoch gespannte Schnur in zwei Hälften geteilt. Die Spieler jeder Mannschaft sitzen in ihrer Spielfeldhälfte. Ihre Aufgabe ist es, einen Ball, ein Sandsäckchen oder einen Tennisring so über die Schnur zu werfen, dass der Gegner ihn nicht fangen kann. Jeder nicht gefangene Ball zählt einen Punkt. Jeder Ball, der unter der Schnur hindurch oder ins Aus geworfen wurde, zählt einen Punkt für den Gegner. Sieger ist die Mannschaft, die zuerst 11 (oder 21) Punkte erreicht. Wer den Punkt macht, hat Angabe.

HINWEIS ZUR ORGANISATION:

Nur wer sitzt, kann Punkte erzielen.

Luftballon zertreten

SPIELERZAHL: beliebig

SPIELDAUER: ab ca. 3 Min.

MATERIAL: für jeden Spieler einen Luftballon und eine Schnur

SPIELIDEE UND GRUNDREGELN:

Jeder Spieler befestigt mit einer ca. 50 cm langen Schnur einen Luftballon an seinem rechten Knöchel. Nach dem Startzeichen versucht jeder Spieler, die anderen Luftballons zu zertreten. Wer kann seinen eigenen Ballon am längsten schützen?

VARIATIONEN:

- Jeder Spieler bekommt zwei Luftballons, an jeden Knöchel einen.
- Jeder Spieler steckt sich ein Stück Bindfaden seitlich in den Schuh. Anschließend muss jeder Spieler die Hände auf den Rücken legen und versuchen, anderen Spielern durch Treten auf den Faden diesen aus dem Schuh zu ziehen.

LINDWURM

SPIELERZAHL: 10 bis 40

SPIELDAUER: ab ca. 5 Min.

MATERIAL: mindestens 2 Luftballons je Spieler

SPIELIDEE UND GRUNDREGELN:

Es werden zwei oder mehr Mannschaften gebildet Die Gruppen stellen sich in einer Reihe hintereinander auf. Zwischen Bauch und Rücken jedes Spielers einer Mannschaft wird ein Luftballon geklemmt. Nun müssen die Gruppen gegeneinander eine bestimmte Strecke ablaufen. Fällt ein Luftballon herunter oder platzt einer, muss die Gruppe stehen bleiben und darf erst weiterlaufen, wenn der Luftballon wieder an seinem Platz ist. Die Gruppe, die als erste mit allen Luftballons am Ziel ist, hat gewonnen.

ZOMBIE

SPIELERZAHL: 10 bis 30

SPIELDAUER: ab ca. 5 Min.

MATERIAL: kleiner gut fliegender Luftballon oder ein Soft-Tennis-Ball

SPIELIDEE UND GRUNDREGELN:

Jeder spielt gegen jeden und versucht, mit einem Softball so viele Spieler wie möglich abzuwerfen und gleichzeitig nicht selber getroffen zu werden. Wer getroffen wurde, merkt sich, von welchen Spieler er getroffen wurde, und setzt sich z. B. auf einen der Tische, die zur Begrenzung des Spielfeldes aufgestellt werden. Er darf sofort wieder ins Feld, sobald der Spieler getroffen wurde, welcher ihn zuvor abgeworfen hatte. Bodentreffer und direkt gefangene Bälle zählen nicht als getroffen. Mit Ball darf ein/kein Schritt gelaufen werden.

HINWEISE ZUR ORGANISATION, METHODIK UND SICHERHEIT:

Es sollte mit einem kleinen Luftballon oder mit einem Soft-Tennis-Ball gespielt werden. Mit auf die Seite gelegten Tischen kann das Spielfeld begrenzt werden, damit der Ball im Spiel bleibt. Wenn die Spieler das Spiel verstanden haben, können 2 oder auch 3 Bälle eingesetzt werden.

VARIATIONEN:

- Auch indirekte Treffer zählen.
- Fängt ein Spieler einen Ball, gilt der Werfer als getroffen.

BALLJAGD

SPIELERZAHL: mindestens 5 pro Mannschaft

SPIELDAUER: ab 3 Min.

MATERIAL: 2 möglichst verschiedene Bälle pro Kreis

SPIELIDEE UND GRUNDREGELN:

Zwei Mannschaften A und B stellen sich so im Kreis auf, dass A immer neben B steht. Ziel ist es, sich den Ball innerhalb der eigenen Mannschaft von Spieler zu Spieler möglichst schnell zuzupassen und so den gegnerischen Ball einzuholen. Der Ball muss immer zum jeweils nächsten Spieler der eigenen Mannschaft gespielt werden. Die beiden Bälle sind bei Spielbeginn maximal weit voneinander entfernt. Die Mannschaft, die den Ball des Gegners einholt, gewinnt.

VARIATIONEN:
- Richtungswechsel
- Spiel mit dem Fuß
- Spiel mit der anderen Hand
- Spiel mit anderen Bällen oder Frisbees
- Bodenpässe
- Spiel mit 3 Mannschaften und 3 Bällen

STUHLKREISFUSSBALL

SPIELERZAHL: ca. 5 bis 20

SPIELDAUER: ab ca. 5 Min.

MATERIAL: ein weicher Ball, Plastikball oder auch Tennisball

SPIELIDEE UND GRUNDREGELN:

Die Spieler bilden einen engen Stuhlkreis. Jeder sitzt auf einem seiner Füße, den anderen hat er frei, um sein Tor (seinen Stuhl) zu verteidigen und auf andere Stühle zu schießen. Zuerst haben alle Spieler eine bestimmte Anzahl von Punkten. Für jedes erhaltene Tor bekommen sie einen Punkt abgezogen. Wer zuerst 0 Punkte hat, verliert.

HINWEISE ZUR ORGANISATION, METHODIK UND SICHERHEIT:

Es sollte keine Lücke zwischen den Stühlen sein, durch die der Ball den Kreis verlassen könnte.

VARIATION:

2 oder mehr Bälle

Die magische Zahl

SPIELERZAHL: ca. 10 bis 30

SPIELDAUER: ab ca. 3 Min.

MATERIAL: ein Ball

SPIELIDEE UND GRUNDREGELN:

Alle Spieler sitzen oder stehen im Kreis und bestimmen eine magische Zahl, zum Beispiel die 7. Ein Spieler bekommt einen Ball, ruft einen Mitspieler sowie eine Zahl, zum Beispiel Anna 3 und wirft der genannten Spielerin den Ball zu. Ist die Zahl nicht magisch, muss der genannte Spieler den Ball fangen, einen weiteren Spieler mit Zahl nennen und passen. Ist die Zahl magisch, darf der genannte Spieler den gespielten Ball nicht direkt fangen, sondern muss ihn ticken lassen. Wer einen Fahler macht, bestimmt die neue magische Zahl. Ist die „7“ magisch, sind es die 17 und 27 entsprechend auch.

VARIATIONEN:
- Alle Vielfachen der Zahl sind magisch.
- Zwei oder mehr magische Zahlen
- Die Quersumme ist auch magisch.
- Zwei oder mehr Bälle

Ball im Tor

SPIELERZAHL: ab 10

SPIELDAUER: ab 5 Min.

MATERIAL: 1 Ball pro Kreis

SPIELIDEE UND GRUNDREGELN:

Die Spieler stehen mit gegrätschten Beinen im Kreis. Jeder Spieler berührt dabei mit seinen Füßen die Füße seiner Nachbarn. Die Spielleiterin wirft einen Ball in den Kreis. Ziel ist es, diesen Ball mit den Händen durch die Beine, das Tor, eines Mitspielers zu befördern. Der Ball darf mit den Händen abgewehrt werden. Fällt ein Tor, bekommt dieser Spieler einen Minuspunkt und ein neuer Durchgang beginnt.

VARIATION:

2 oder mehr Bälle, ggf. auch mit unterschiedlichen Wertungen

Sitzfussball

SPIELERZAHL: 10 bis 30

SPIELDAUER: ab 5 Min.

MATERIAL: Softball, Stühle

SPIELIDEE UND GRUNDREGELN:

Zwei Mannschaften spielen gegeneinander. Sie setzen sich in zwei Reihen auf ihren Stühlen gegenüber und bilden so eine Gasse. Die Reihen sollten ca. zwei Meter voneinander entfernt sein. An beiden Enden der Gasse können Tische aufgestellt werden, die das Spielfeld begrenzen. Nun wird ein Soft- oder Tennisball in das Spielfeld gerollt. Beide Mannschaften müssen nun versuchen, den Ball unter die Stühle der gegnerischen Mannschaft zu schießen. Für jedes Tor gibt es einen Punkt. Verlässt der Ball das Spielfeld, wird er vom Spielleiter wieder eingeworfen. Während des Spiels dürfen nur die Beine und Füße benutzt werden, und die Spieler müssen mit mindestens einem Körperteil den Stuhl berühren, sie dürfen sich also nicht komplett vom Stuhl entfernen. Die Mannschaft mit den meisten Toren gewinnt. Um den Schwierigkeitsgrad zu erhöhen, können auch mehrere Bälle ins Spiel gebracht werden.

VARIATION:

Die Spieler bleiben sitzen. Die Stuhlreihen sind wieder ca. zwei Meter entfernt. Die Stühle einer Sitzreihe stehen etwa 50 cm auseinander.

Klettenball

SPIELERZAHL: beliebig

SPIELDAUER: ab 2 Min.

MATERIAL: ein Ball für jeden Spieler

SPIELIDEE UND GRUNDREGELN:

Alle Spieler stellen sich im Kreis auf und jeder Spieler bekommt einen Ball. Nach dem Startzeichen wirft jeder Spieler seinem linken Nachbarn den Ball zu und versucht, den Ball seines rechten Nachbarn zu fangen.

VARIATIONEN:

- Der Ball wird zum rechten Nachbarn geworfen.
- Der Ball muss als Bodenpass gespielt werden.
- Zwei Kreise spielen gegeneinander. Welcher Kreis schafft die meisten Pässe, ohne dass ein Ball auf den Boden fällt?

StepDance

SPIELERZAHL: 10 bis 40

SPIELDAUER: ab 3 Min.

MATERIAL: mindestens 1 Ball für jede Gruppe

SPIELIDEE UND GRUNDREGELN:

Eine Kleingruppe von 6 bis 10 Kindern liegt mit dem Bauch auf dem Boden im Kreis mit Blick zur Mitte, sodass sie sich einen Ball zurollen können. Ein „Step-Tänzer“ steht in der Mitte des Kreises und muss dem auf ihn zurollenden Ball durch schnelle Schritte oder Sprünge ausweichen. Wird er getroffen, muss ein neuer Spieler in die Mitte.

VARIATIONEN:

- Die Spieler sitzen im Kreis.
- Je nach Spielerzahl kann auch mit mehreren Bällen gespielt werden.
- Der Ball wird flach mit dem Fuß gespielt.

Königsball

SPIELERZAHL: 10 bis 40

SPIELDAUER: ab ca. 5 Min.

MATERIAL: für jede Gruppe einen weichen Ball

SPIELIDEE UND GRUNDREGELN:

Die Spieler stellen sich in zwei Gruppen hintereinander auf. Der Erste jeder Gruppe stellt sich im Abstand von ca. 5 Metern gegenüber seiner Mannschaft auf. Er ist der König. Der König wirft einen Ball zum ersten Spieler, der wirft ihn zurück und setzt sich, dann wirft der König den Ball zum zweiten Spieler usw. Hat sich der Letzte gesetzt, steht er wieder auf, um den Ball zu fangen, wirft ihn zurück, dann der Vorletzte usw. Ziel ist es, dass die gesamte Mannschaft so schnell wie möglich wieder in der Ausgangsposition steht. Dabei darf aber der Ball nicht herunterfallen.

Rettet die Luftballons

SPIELERZAHL: 5 bis 40

SPIELDAUER: ab ca. 3 Min.

MATERIAL: für jeden Spieler einen Luftballon

SPIELIDEE UND GRUNDREGELN:

Jeder Spieler bekommt einen Luftballon. Ziel ist es, gemeinsam so lange wie möglich alle Luftballons in der Luft zu halten. Berührt der erste Ballon den Boden, ist der Versuch beendet. Wie lange schafft es die Klasse?

VARIATIONEN:

- Die Luftballons dürfen nicht zweimal hintereinander mit dem gleichen Körperteil gespielt werden. Die Berührungen müssen also zwischen Hand, Kopf, Ellbogen, Oberschenkel, Fuß, Schulter, Fingerspitze variieren.
- Die Luftballons dürfen nur mit den Füßen (Knien, Ellbogen usw.) berührt werden.

Alphabetisches Verzeichnis aller Spiele

ABC

Alphabetisches Verzeichnis aller Spiele

Alphabetisches Verzeichnis aller Spiele

Open Sunday

180 Seiten, kartoniert
20 Farbfotos
ISBN 978-3-96423-053-9
20,- €

Im Rahmen des Projekts „Open Sunday“ werden am Sonntag mittlerweile in mehreren deutschen Städten die Sporthallen insbesondere in sozial benachteiligten Vierteln geöffnet und niederschwellig alle Kinder aus der unmittelbaren Umgebung zu Spiel, Sport und Bewegung eingeladen. Mit einem enormen Zuspruch nehmen viele sozial benachteiligte Mädchen und Jungen an Wochenenden in den Wintermonaten teil.

Die Autor*innen stellen in sieben Kapiteln ein sportpädagogisches Konzept für eine offene Kinder- und Jugendarbeit in herausfordernden Stadtteilen vor, das inzwischen von (Sport-)Studierenden, Übungsleiter*innen und jugendlichen Sporthelfer*innen in vielen Städten in Nordrhein-Westfalen in Zusammenarbeit mit den Schulen, den Kommunen, den Sportvereinen und unterstützenden Stiftungen erfolgreich umgesetzt wird.
